휴머노믹스

휴머노믹스

BETTERING HUMANOMICS
: A NEW, AND OLD, APPROACH TO ECONOMIC SCIENCE

디드러 낸슨 매클로스키 **지음** | **박홍경** 옮김

Sejong
세종연구원

엘리베이터 피치elevator pitch(짧은 시간을 활용하는 홍보_옮긴이)를 하자면, 경제학의 발전을 위해 '휴머노믹스'가 필요하다. 휴머노믹스는 현재보다 광범위하면서도 엄밀하게 이론을 정립하고 더 광범위하면서도 진지하게 경험론을 사용한다. 윤리적 사회과학자들은 엄격한 만큼 신중할 필요가 있다.[1]

1980년대와 1990년대 중년의 나이에 경제학을 가르치는 교수로 활동하면서 방법론에 관한 세 권의 책을 집필했다. 예를 들면 경제학에도 다른 학문, 혹은 말을 하는 다른 종種과 마찬가지로 '수사법'이 있다는 주장을 제기했다. 다시 말해 경제학은 은유(『경제학의 수사법The Rhetoric of Economics』, 1985), 이야기(『당신이 현명하다면If You're So Smart』, 1990), 인식론(『경제학의 지식과 설득Knowledge and Persuasion in Economics』, 1994b)을 활용한다. 이러한 저서를 통해 성숙한 학문을 추구하길 바라는 경제학자라면 수사법을 알아야 한다고 강조했다.

그러한 저서가 친애하는 동료들에게 대단한 영향력을 미쳤다고 주장하지는 않겠다. 정통파인지 여부를 떠나 경제학자들은 실증주의, 행동주의, 신제도주의를 그저 계속 이용하고 따를 뿐이었다. 정작 경제학에서 자신들이 날마다 은유, 이야기, 인식론을 활용한다는 것은 모르면서. 그들에게 신의 축복이 있기를!

이제 나는 이 책과 더불어 앞으로 발간될 『경제학에서 실증주의, 행동주의, 신제도주의를 넘어Beyond Positivism, Behaviorism, and Neoinstitutionalism in Economics』라는 중요한 책에서 한발 더 나아가 경제학의 실질적인 대상을 다룬다. 경제 자체에 수사법이 있다. 반면 앞서 발표한 3부작은 경제학의 형태를 다룬다. 최소한 경제, 역사, 커뮤니케이션, 영문학 분야의 나이 지긋한 명예교수라면 형태와 실질이 엄격하게 분리되는 개념이라고 생각할 것이다.

2008년 스티븐 질리악Stephen Ziliak과 함께 발표한 기술서 『통계적 유의성 맹신The Cult of Statistical Significance』은 형태와 실질을 보다 분명하게 아우른다. 얼마 전 미국 통계학회에서도 이 주제를 다뤘으나 처음 이야기가 나온 것은 통계 이론의 역사만큼이나 오래되었다. 하지만 이러한 논의가 경제학자들에게는 아직 도달하지 못했다(물론 학문은 보수적이며 그래야만 한다. 그럼에도 통계적 관례의 상식을 결연히 무시하고 있는 경제학자들의 보수성은 정도가 지나친 듯하다).

18세기에 탄생한 자유주의 윤리는 휴머노믹스의 일부분을 차지한다. 자유주의는 자연과학이든 사회과학이든 인문학이든 상관없이 모든 현대 학문의 기본적인 부분을 이룬다. 고대 아테네부터 현대 미국에 이르기까지 학문이 가장 자유로운 사회에서 융성한다는 것은 우연이 아니다. 우수한 학문, 특히 우수한 사회과학은 훌륭하고 정직하며 사고가 열린 자유로운 사람들이 수행하며, 그렇지 않은 경우에는 그릇된 길로 갈 가능성이 높다. 1994년에 펴낸 『경제학의 지식과 설득』에 그러한 결론을 담았으며, 25년이 지나 『트루 리버럴리즘Why Liberalism Works』(2019)에서는 보다 직설적으로 주장하기에 이르렀다(나는 사고의 속도가 무척 빠른 편이 아니다).

자유를 제한하며 형편없는 사회공학은 독재자가 사람들을 괴롭게 만드는 환경을 가능케 한다. 모든 면에서 상황이 나빠진다. 따라서 이번 시리즈의 다른 책에서 나는 더글러스 노스Douglass North의 신제도주의가 다른 비윤리적, 실증주의적, 신행동주의적, 지난 수십 년 동안 경제학에서 자유를 억제하는 움직임과 마찬가지로 자유로운 시민들을 위한 윤리적이고 설득력을 갖춘 경제학에 들어맞지 않는다고 주장한다.

이 책에 제기된 주장 가운데 상당 부분은 내 입장을 밝히라는 요청에 대한 반응에서 시작되었다. '반응'은 단순히 짜증 섞인 논쟁이나 무례한 것이 아니다. 50년 동안 미국 지질학자들이 대륙 이동을 믿지 못하게 가로막고, 30년 동안 마야학자들이 상형문자를 해독하지 못하도록 가로막으며, 20년 동안 경제학자들이 케인스 학설에 도전을 제기하지 못하도록 가로막은 종류의, 비생산적이고 경직된 학문 계층 구조의 유일한 대안이다. 반응이란 학자라면(혹은 시민이나 변호사, 결혼 상대도) 매번 가능한 한 상냥하게 수행해야만 하는 일이다. "당신 생각은 뭔가요? 아, 그렇군요. 당신의 논리와 증거, 감정과 존엄에 대해 내가 애정을 담아 깊이 생각한 반응을 들어봐요. 우리가 당신이나 내 생각을 더 발전시킬 수 있을 거예요. 내가 잘못 생각했을지도 모른다는 점을 인정할 준비가 되어 있으니 같이 살펴봐요." 이것이 훌륭한 학문에서 일어나는 인간적 대화이며 학계에서 친분 있는 집단이 생산적으로 서로를 비판할 수 있는 이유다. 독자들이 앞으로 발간될 이 시리즈의 다른 책에서 확인하겠지만 나는 열의를 가지고 그러한 비판을 제기했다(고마울 것 없어요).

우리 모두는 철학자 아멜리 옥센버그 로티Amélie Oksenberg Rorty가 표현한 모토를 따라야 한다. 로티는 1983년에 중요한 것은 "지속적인 대화에 참여해 서로 검증하고 숨겨진 추정을 발견하며 우리의 사고방식을 바꾸는 역량이다. 우리는 동료들의 의견을 들었기 때문이다. 미치광이들도 사고방식을 바꾸는데, 지인들의 질문과 반대에 진정으로 귀를 기울였기 때문이 아니라 변덕에 따라 생각을 바꾼다"라고 밝혔다.[2]

진정으로 귀 기울이는 것은 해석, 수사, 실질적/철학적 비판으로 구성된 삼각형에서 '해석'의 요소에 해당한다.[3] 삼각형은 계량경제학의 베타계수와 같은 사소한 문제든 아이작 뉴턴Sir Isaac Newton, 찰스 다윈Charles Darwin, 카를 마르크스Karl Marx, 존 메이너드 케인스John Maynard Keynes의 중요한 주장과 같이 세계를 변화시키는 문제든, 학문이 어떻게 진정한 발전을 이루는지와 관련 있다. 그 절차는 먼저 듣고, 주장의 형태를 발견한 다음 수사법과 철학적 안목을 활용해 이전 학문에서 잘못된 부분을 찾아내고 바로잡는 것이다. 1867년 카를 마르크스가 펴낸 『자본론』의 부제는 '정치경제학 비판A Critique of Political Economy'이다.

이것이 바로 학문 정신이다.

비판적 반응을 하면서 내가 발견한 두 가지 사항을 최대한 상냥하게 표현하면 다음과 같다.

1. 경제학을 연구하는 새로운 방식이 대두하고 있는 것으로 보인다(나는 이 방식이 보다 진지하고 합리적이라고 생각한다). 이 책에서 내가 주장하 듯, 정량적으로 진지하고 철학적으로 진지하며 역사적으로 진지하고 윤리적으로 진지하다. 오늘날 경제학자 바트 윌슨Bart Wilson과 일부 학자들은 이를 '휴머노믹스'라고 부르며 이 책의 제목에도 포함되어 있다.[4]

2. 하지만 이 시리즈의 다른 책에서 나는 더글러스 노스, 대런 애스모 글루Daron Acemoglu, 다른 많은 경제학자와 정치학자가 주창하는 신제도주의는 성공으로 향하는 길이 아니라고 주장한다. 학문적으 로 말하자면 신경경제학과 인지적 재무 이론, 행복 연구와 같은 신 행동주의 방식의 최근 연구와 마찬가지로 사실 주장이 모호하며 기껏해야 의심쩍은 주장에 기반하고 있다. 신제도주의자들은 다른 이들처럼 인간의 증거나 지인들의 학문적 질문, 이의제기에 진정 으로 귀를 기울이지 않는다. 사실상 그들은 창의적인 성인을 어린 이 무리로 취급하고 의견을 들을 필요 없는 두 살로 간주한다. 우 리는 그저 '행동을 관찰'하면 된다고 하는데, 어떤 이유에서인지 언 어적 행동은 관찰 대상에서 빠져 있다. 그리고 관찰된 행동들은 의 심스러운 측정 기준에 따라 기록된다. 어린아이 같은 시민들은 폴

새뮤얼슨Paul Samuelson을 따르는 경제학자들과 경제학자 워너비들이 소중히 여기는 '인센티브'로 괴롭힘을 당한다. 신제도주의자들은 맥스 UMax U(효용Utility 극대화를 의미_옮긴이) 제도를 포착하고 설계하는 높은 곳에 있는 자애로운 전문가의 시각에서 자유로운 성인의 인간적 행위와 소통을 무시하며 내려다본다.

또한 휴머노믹스에 반대하는 다른 신행동주의 방식도 있다. 행동경제학은 인식적으로 우리 모두가 어린아이라고 주장한다. 경제학에서 현장 실험은 실제로 아동을 대상으로 무의미하고 많은 경우 비윤리적인 실험을 수행했다. 신경경제학은 아동을 전극에 연결하는데 생각이 아닌 뇌를 감지한다. 행복주의의 무의미한 측정 항목은 부탄 독재자의 기분만 맞춰줄 뿐이다.

워싱턴과 런던, 브뤼셀에서 경제공학은 지난 세기에 각광받은 데 이어 최근 정점에 이르렀는데, 어리석은 꼬마들을 짓누르기 위해 점점 더 많은 '정책'을 도입했다. 알겠지만 꼬마들 자신의 이익을 위해서다. 현재 미국 정부는 100만 개가 넘는 규제를 채택한 상태다. 무려 100만 개다. 민주당에서는 "미국 성인들이 해외에서 자유롭게 처방전 약을 구입할 수 있도록 허용하는 대신 처방전 약에 더 많은 관료적 억압 장치를 추가하자"고 말한다. 공화당에서는 "볼티모어 성인들이 원하는 것을 구매하고 기업이 기꺼이 지불하려는 임금에 일자리를 구하도록 허용하는 대신 더 많은 경찰을 배치해 볼티모어 북동부를 억압하자"라고 말한다.

모든 신행동주의 방식은 잘못된 방향으로 나아가고, 타당성 없고 자유를 제한하는 가설(경제 전문가가 가장 잘 아는)을 채택하며 성인들의 존엄성을 온전하게 인정하지 않는 태도로 취급한다.[5] 신행동주의의 실증주의는 온갖 형태의 자랑을 떠벌리지만 속 빈 강정으로 드러나 놀라움을 안겨줄 뿐이다. 반자유주의를 극복하고 공허함을 없애기 위해서는 더 나은 경제학, 더 나은 휴머노믹스, 즉 인간의 자리를 남겨둔 경제학이 필요하다. 애덤 스미스Adam Smith, 필립 윅스티드Philip Wicksteed, 앨버트 허시먼Albert Hirschman, 아르요 클라머Arjo Klamer, 바트 윌슨이 주창한 경제학이다.

이 책을 읽고 있는 독자가 경제학자든 아니든, 휴머노믹스의 미래와 최근 행동주의자들의 학문 영역을 살펴야 한다. 허공에서 소리를 듣는다는, 권좌의 미치광이들이 그러한 광기 어린 생각을 수년 전의 학문적 잡문에서 얻는다는 말이 있다. 행동주의에서 증류해낸 산물로는 공산당의 중앙위원회, 유럽연합 이사회, 연방준비은행, 중국 공산당, 미국 재무부, 국제통화기금, 세계은행, 연방/주/지방 정부, 버니 샌더스Bernie Sanders, 조지프 스티글리츠Joseph Stiglitz, 폴 크루그먼Paul Krugman, 마리아나 마추카토Marianna Mazzucato의 정책, 그리고 전능한 주인이 어리석고 비이성적인 어린아이들(예를 들면 독자들)의 가련한 삶을 다스리기 위해 고안한 정책과 규제가 번성해야 한다는 사고를 들 수 있다. 이러한 산물이 당신을 비하하고 죽음에 이르게 하지 않는지 주의를 기울여야 한다.

그렇지만 내가 쓴 책에서 상정한 주요 독자는 경제 전문가 또는 정치학자, 사회학자, 법 전문가, 철학자와 같은 학문적 여행 동지들이다. 나는 경력 대부분을 경제학자이자 경제사학자로 일했으며 경제학, 경제학자, 경제사학자를 아끼고 존경한다. 대부분의 경우는 그렇다. 폴 새뮤얼슨과 밀턴 프리드먼Milton Friedman, 제프 하코트Geoff Harcourt와 해리 존슨Harry Johnson, 밥 포겔Bob Fogel과 앨버트 허시먼, 해럴드 뎀젯Harold Demsetz과 조앤 로빈슨Joan Robinson, 프리드리히 하이에크Friedrich Hayek와 밥 하일브로너Bob Heilbroner. 기회비용, 수요와 공급, 일반균형, 진입과 퇴출, 모든 수학 및 통계적 표현에 경의를 보낸다. 국민소득과 부의 수레바퀴에 대한 계산을 특히 역사적 맥락에서 구현한 것에 박수를 보낸다. 협동과 경쟁, 이에 대한 분석과 그 분석을 하는 분석가에게 신의 축복이 있기를. 과거에도 그랬고, 앞으로도 그렇게 생각할 것이다.

하지만 정책적 증류 과정이 독자와 나, 보스턴부터 베이징에 이르는 많은 이를 비하하고 죽이지 않도록 하려면, 경제학자들은 레시피를 다시 생각해야 한다. 즉 과거의 훌륭한 경제학에서 얻은 지혜를 허비하지 않으면서도 휴머노믹스를 고안해내야 한다(무분별한 허비는 여러 마르크스주의자와 제도주의자로부터 모든 현대통화 이론가, 무역에 대한 이상한 보호주의자, 트럼프 정부의 피터 나바로Peter Navarro와 스티븐 밀러Steven Miller를 비롯해 반이민 주장을 하는 기이한 반대론자에 이르기까지 이런저런 '신'경제학 제안의 전형이다). 요약하자면 진지한 경제학자는 과학만능주의, 윤리를 비웃는 무시, 자유라는 고결한 권리를 주장하면서도 고집하는 반자유주의, 정량화의 '카고컬트' 가식, 대다수의 인간적 지식 및 행동에 대한 경멸에 대해 다시 생각해봐야 한다.

'카고컬트Cargo-cult'라는 단어를 설명할 필요가 있겠다. 이는 물리학자 리처드 파인먼Richard Feynman이 외면적으로는 과학이지만 실제로는 환상에 불과한 프로젝트에 붙인 이름이다.[6] 파인먼의 비유는 제2차 세계 대전 이후 뉴기니의 산악지방 거주자들이 코코넛 껍질 등불과 활주로 같은 빈터를 만든 일화를 가리킨다. 이들은 거대한 전시 항공기가 그들을 부유하게 해줄 화물을 싣고 돌아오기를 바라며 화물을 숭배했지만 비행기는 돌아오지 않았다. 유사하게 경제학에서 수준 높은 증거로 통하는 상당수가 정량화된 결과나 행렬대수 등으로 보이지만 세상에 대한 진실을 보여주거나 관련성 있게 정량화하지 못한다. 경제학에서 고도로 이론화된 것으로 보이는 상당수가 세상과 그 작동방식에 대한 통찰을 주는 듯 보이지만, 그렇지 않은 경우도 많다.

'윤리를 비웃는 무시, 대다수의 인간적 지식에 대한 경멸'에는 긴 설명이 필요하지 않다. 실증주의가 그러하며 이는 휴머노믹스를 더 낫게 발전시키는 데 주된 걸림돌이다. 이를 날마다 목격할 것이다. '학문science'이라는 단어 자체가 사람들을 구타하는 몽둥이로 사용되는 경우가 허다하다. 토머스 쿤Thomas Kuhn 이후 실제 철학, 사회학, 역사학에 대해 무지하고, 최신 영어를 제외한 모든 언어에서 '학문'이 과학계뿐 아니라 '체계적 연구'를 의미한다는 것도 알지 못한다. 다수의 경제학자를 포함해 이처럼 무식한 자들은 윤리를 무시하며 다른 이행 방법을 미리 배제한다.

미래의 경제학은 활용 가능한 학문적 논리와 증거를 사용해야 한다. 실험, 시뮬레이션, 성찰, 설문조사, 그래프, 분류, 통계, 문학, 역사, 심리학, 사회학, 정치학, 미학, 윤리학 등을 모두 동원해야 한다. 오랜 농담을 활용하자면, 자신의 특화된 분야에 취한 경제학자는 어두운 곳에서 잃어버린 집 열쇠가 밝은 빛을 내는 가로등 아래에서 모습을 드러낼 것이라는 가정을 버려야 한다. 경제학자는 총체적 인문과학을 실천하면서 진지한 정량적 연구와 진지한 정성적 연구를 모두 수행해야 한다. 올바른 숫자와 범주를 사용해야 한다. 더 이상 카고컬트는 안 된다. 윤리적으로도 올바른 입장에 서야 한다. 과학적으로 관련된 모든 지식을 열쇠가 있을 가능성이 높은 어둠 속에서 탐색해야만 한다. 가로등 아래에서만 찾아서는 안 될 일이다.

BETTERING HUMANOMICS
: A NEW, AND OLD, APPROACH TO ECONOMIC SCIENCE

1부 제안

1장

휴머노믹스와 자유가 경제학의
더 나은 미래를 약속한다

한 쌍으로 구성된 시리즈의 전반부에 해당하는 이 책에서 나는 더 나은 휴머노믹스humanomics와 휴머노믹스의 향상을 위해 사례와 세부 정보를 곁들여 미래를 전망하고자 한다. 휴머노믹스라는 단어는 2021 년경 주류경제학의 모델, 수학, 통계, 실험 등을 (상식적인 수준의 수정을 거쳐) 수용하는 경제학을 지칭한다. 다만 여기에 「리알토Rialto」의 뉴스, 대조 실험에서 오가는 대화의 미사여구, 로터리 회의에서 기업인들의 진지한 증언, 카페클라츠Kaffeeklatsch(커피를 마시며 한담을 나누는 모임_옮긴이)의 가십, 종 간 실험의 발견 사항, 인공지능AI의 가치 기준value alignment 결과, 선거 유세와 의원 휴게실에서 벌어지는 정치, 적절한 분류에 대한 인식론적 숙고(가령 국민소득의 경우 그 자체는 명확하더라도 국민과 소득을 어떻게 정의할 것인가?), 역사가들이 그리는 역사, 신학자들의 성찰, 여론 조사, 시각적인 예술과 노래, 영화, 연극, 소설, 시, 오페라, 그랜드 올 오프리Grand Ole Opry(미국 테네시주 내슈빌에서 공연되고 라디오로 방송되는 컨트리 뮤직 행사_옮긴이)에 담긴 지혜에 진실로 귀를 기울인다면 인간의 다양한 발언에서 인간의 경제적 행위에 대해 배울 수 있는 방대한 양의 정보를 더한 것이다. 또한 이 모든 인간의 발언에 관해 휴머노믹스는 미국에서 '인문학'이라 부르고 영국에서 '교양 과목'이라고 하는 인문 및 언어에 대한 성찰을 집대성한다. 인간의 사고와 발언, 인간의 행동에 미치는 결과를 비판적으로 숙고하는 거대하고도 세분화된 프로젝트다. 즉, 경제학자들은 확보할 수 있는 모든 증거를 활용해야만 한다. 그렇게 하지 않으면 진지한 학자라 할 수 없을 것이고, 과학만능주의에 취해 있거나 뉴기니 산악 지대에 사는 사람과 다를 바 없다.

휴머노믹스라는 말이 생기기 전 선구자 역할을 한 중국의 심리학자이자 경제사상가인 왕닝王寧과 1991년 노벨 경제학상 수상자인 로널드 코스Ronald Coase가 말한 바와 같이, "인간 본성의 깊이와 풍부함을 크게 상실한 것은 경제학이 부를 창출하는 인간에 관한 윤리학에서 자원배분 선택에 관한 냉담한 논리로 바뀌면서 우리가 치른 비용에서 큰 부분을 차지한다. 현대 경제학이 더 이상 있는 그대로의 인간을 연구하지 않게 되면서 그 닻을 잃고 경제적 실재에서 멀어졌다. 그 결과, 위기와 불확실성이 만연하여 경제학자들의 조언이 절실하게 필요한 시기임에도 경제학자들은 일관성 있고 통찰력 있는 발언을 하는 데 상당히

애를 먹고 있다."[1]

소설가 네빌 슈트Nevil Shute는 『제정신이 아닌Round the Bend』(1951)에서 항공 운송사의 대표가 명석한 수석 엔지니어 콘스탄틴(코니라고도 불렸으며 신앙인이었다)이 사망한 뒤 사업에 대해 말하는 장면을 그린다(슈트의 가장 유명한 작품은 1957년 발표한 『해변에서On the Beach』이며, 이 소설은 1959년 〈그날이 오면〉이라는 제목으로 영화화되어 그레고리 펙Gregory Peck이 주연을 맡았다).

> 나는 외롭고 불안해. 처음에는 어떤 일에서도 계속해야 할 의미가 보이지 않는 듯했지. 무척 지쳐 있었고, 무슨 일을 해야 할지도 몰랐어. 에어서비스Airservice 같은 곳에 회사를 매각하는 생각도 했었지. 하지만 시간이 지나 진정되자 사업을 계속하고 코니가 원했던 방식으로 경영하는 것이 낫겠다는 생각이 들었네. 물질만능주의 세상에서, 아시아에서 운항하는 내 항공사가, 코니처럼 하느님을 섬김으로써 비행기를 안전하게 유지하면서도 흑자를 이어가는 게 가능하다는 것을 보여주는 사례가 되도록 말이지. 경험으로 보건대, 이런 방식으로 하느님을 섬기는 것만이 적자를 면하는 길이라고 감히 말하겠네.[2]

슈트는 인간의 특징, 사업에서조차 초월적인 목적을 갈구하는 면모, 사업에서조차 사랑의 안내를 받아야 할 필요성을 지적하고 있다. 이것이 소시오패스가 아닌 인간이 물질적 이익을 추구하면서 살아가는 방식이다. 결국 이익 추구는 박테리아와 이끼부터 인간의 사촌 격인 유인

20

원에 이르기까지 모든 생명체와 공유되는 특징이다. 인간에게서만 나타나는 욕구가 아닌 것이다. (오래전 앨프리드 마셜Alfred Marshall이 경제학을 정의했듯) '삶의 평범한 일'을 다루는 인간학human science은 대차대조표 못지않게 이러한 비영리적 목적을 인정할 필요가 있다. 애덤 스미스나 마셜, 케인스, 새뮤얼슨에게서 배우기를 포기하는 것이 아니다. 애덤 스미스의 후예들은 『이코노미스트Economist』 최초의 편집인이었던 월터 배젓Walter Bagehot이 영국 헌법 해설에서 '효율적'이고 '고귀하다'고 표현한 일상성과 초월성, 수단과 목적을 결합한다. 둘 다 중요하다. 즉 휴머노믹스라 할 수 있다.

경제학자들은 특화specialization에 호소하면서 윤리를 조롱하는 듯 묵살하고 인간 지식의 대부분을 경멸하는 태도를 방어하기 일쑤다. "보다시피 경제학은 특화를 권장한다. 제화공은 자기 업을 고수해야 한다." 하지만 이것이 경제학을 완성시키는 것은 아니다. 특화된 제품을 교환하지 않아 뒷마당에 쌓여 있다면 소용없는 일이다. 애덤 스미스 이래 경제학에서 권장한 것은 특화한 뒤 거래를 수행하는 일이다. 경제 행위자의 초월적인 목적을 묵살하고 대화를 무시하며 관찰할 개미 취급하는 경제학자는 다른 인간 지식과 거래를 수행하지 않는 셈이다.

알게 되겠지만, 우리는 인간이다. 인간 행위에 대해 사유하고 대화를 하는 것은 인간 행동에서 큰 부분을 차지하며, 가령 예산 제약에 대한 유아론적이고 배려심 없는 반응에 국한되지 않는다. (오스트리아의 경제학에서 루트비히 폰 미제스Ludwig von Mises, 하이에크, 루트비히 라흐만Ludwig Lachmann 이즈리얼 커즈너Israel Kirzner, 돈 라부아Don Lavoie, 피터 뵈케Peter Boettke

가 말하는 전문 용어인) 인간 행동은 자유 의지의 행사이며 인간의 매우 전형적인 특성이다. 실제로 신학자들이 논하는 그 자유 의지다. 따라서 휴머노믹스는 침묵하고 고립되어 있으며, 반응적이고 실증적이며, 예정된 관찰 행동주의가 인위적으로 축소한 증거를 뛰어넘는다.

행동주의는 1930년대 이후 경제학을 비롯해 기타 여러 인간학을 지배했지만, 말하는 종의 행동에 대한 충분한 철학적 고민이 결여되어 있었다. 인간학을 행동주의로 접근하는 데 맞서 곤충학자 E. O. 윌슨Wilson은 철저한 마르크스주의와 같이 인간을 개미와 같이 취급하는 상의하달식 행동주의 심리학자들의 주장에 대한 질문에 "사회주의가 작동한다는 점에서 카를 마르크스는 옳다. 다만, 그가 종을 잘못 골랐을 뿐이다"라고 답했다.[3] 오스트리아계 미국인 경제학자이자 경제학 수사의 초창기 연구자였던 프리츠 매클럽Fritz Machlup은 만약 원자가 대화를 할 수 있다면 물리학이 어떤 모습일지 신랄하게 물었다.[4] 대화를 하는 인간을 다루는 학문 입장에서는 무척 중요한 질문이다.

내가 알기로 '휴머노믹스'라는 단어는 2010년경 탁월한 실험 경제학자 바트 윌슨이 만든 용어다. 윌슨은 노벨상 수상자 버넌 스미스Vernon Smith와 2019년에 『휴머노믹스: 21세기 도덕 감정과 국부Humanomics: Moral Sentiments and the Wealth of Nations for the Twenty-First Century』를 펴냈다. 법학 교수이기도 한 윌슨은 2020년 『소유의 종: 인간은 어떻게 '내 것'을 만들고 '내 것'은 어떻게 우리를 인간으로 만드는가The Property Species: How Humans Make Things "Mine," How "Mine" Makes Us Human』라는 책에서 인간이 갖고 있는 '양도성 재산'의 특징을 휴머노믹스의 관점에서 연구했다. 그는 여러 해 동안 캘리포니아의 채프먼대학교 영문학과 동료인 얀 오즈번Jan Osborn과 함께 신입생들을 가르쳤는데, 요한 볼프강 폰 괴테Johann Wolfgang von Goethe의 『파우스트』 영역본 등으로 경제학을 소개하는 강의였다.

잘못 본 것이 아니다. 『파우스트』가 맞다. 예를 들어 이 책 앞부분에는 호도된 파우스트 박사가 공짜 점심은 없다는 경제학의 주장 또는 그와 관련된 20실링 정리에 위배된다는 불평을 제기한다. 정리는 길가에 떨어진 20실링 지폐를 줍는 일상에서의 배움으로는 평범한 이익을 얻을 뿐이라는 것이다.

증명. 공리: 인간에게는 소유욕이 있다. 사실: 길가에 있는 20실링 지폐를 부지런히 줍는다. 사실: 길가를 다니는 그런 사람이 많다. 돈 줍는 사람들이 다니지 못하도록 금하는 강력한 도덕적 금지나 폭력배 또는 관료들이 없는 경우가 많다. 결론: 파우스트가 평범한 지식을 근거로 줍게 될 만한 20실링 지폐가 많지 않다.

박사는 "내겐 돈이나 보물이 없소. 세속적 기쁨을 주는 세상 명예도 없소"라며 우는소리를 한다.[5] 그는 평범한 배움으로는 비범한 수준의 공짜 이익을 얻을 수 없다며 불평한다. CNBC에서 방송되는 '기술 분석' 대담에 일상적으로 녹아 있는 어린애 같고 경제학에 어긋나는 불만이다. 이에 박사는 마법사나 공인재무분석사CFA 혹은 계량경제학자에게 향한다. "이 세상에서 숨겨진 / 은밀한 힘을 볼 수 있기를."[6] 짜증

이 난 그는 결국 메피스토펠레스Mephistopheles를 찾아간다.

휴머노믹스는 무위험 이자율 재정 거래covered interest arbitrage에서처럼 『파우스트』를 통해 배운다. 이러한 접근 방식의 전체 범위는 앞으로 명확해질 것이다. 철학자들은 어떤 용어를 정의하는 방식 중 하나는 '명시적(ostensive, '보여주다'라는 의미의 라틴어 ostendere에서 유래됨)'이라고 지적한다. '의자'라는 단어가 의미하는 바를 알려주기 위해 윈저 체어(등이 높은 나무 의자_옮긴이)부터 임스 체어(미국의 디자이너 임스 부부가 만든 의자_옮긴이)에 이르는 10여 종의 디자인을 보여주는 방법이 있듯이 말이다. 이 책은 휴머노믹스에 대한 명시적인 정의를 제공한다.

하지만 최근에 내가 지난 15년 동안 부르주아 시대에 대한 경제학 및 역사 3부작(2006, 2010, 2016), 아트 카든Art Carden과 쉽게 풀어 쓴 『나를 내버려두면 부자로 만들어드리리다: 부르주아가 부유한 세계에 대처하는 방식Leave Me Alone and I'll Make You Rich: How the Bourgeois Deal Enriched the World』(2020), 앞서 언급했던 정치 서적 『트루 리버럴리즘』을 통해 부지불식간에 휴머노믹스에 대한 명시적인 정의를 제공해왔다는 생각이 들었다(알아차리지 못하는 사이 산문을 읊고 있는 격이다). 또한 역사, 경제, 자유주의 분야에서 지금까지 학술 활동을 하면서 썼던 비평적이고 답변하는 성격의 짧은 글들(이제는 *Impromptus*라는 세 권짜리 책에 정리된)을 다시 읽어보면서 1960년대 이후 내가 혼란스러운 방식으로 휴머노믹스에 도달하기 위해 애써왔다는 것을 알게 되었다. 이제는 보다 의식을 가지고 향후 이러한 작업을 잉글랜드 농업사에 대해 쓴, 출간 예정인 저서 『현명하고 충직한 소작농: 역사 휴머노믹스에 대한 시론『The Prudent and Faithful Peasant: An Essay in Historical Humanomics』과 신학서적『재물 속의 신: 성공회 설교God in Mammon: Episcopalian Sermons』에서도 이어나갈 계획이다. 세상에.

하지만 놀랍게도 나는 뒤늦게 뛰어든 축에 속한다. 앨버트 허시먼과 아르요 클라머, 그보다 앞서 애덤 스미스에 이르기까지 나보다 뛰어난 경제학자들이 내가 깨닫기 수십 년 내지 수백 년 전에 휴머노믹스의 출현을 예견했다. 이들은 경제학이 행동주의를 넘어 진정으로 카고컬트를 벗어난 학문에 이를 수 있는 길을 제시했다.

●●●

그리하여 두 권으로 구성된 시리즈 중 이 책에서는 휴머노믹스가 (나머지 책에서 비판할) 신제도주의와 기타 어린아이 같은 행동주의의 주류 경제학을 뛰어넘는 다양한 사례를 제시한다. 시리즈에서는 경제학자들이 더욱 성숙해 인간학의 논리와 증거에 대해 더욱 겸허하게 접근하고 어른으로서의 자유와 창의성을 포용할 것을 제안한다.

경제 논리 자체는 사회공학과 여러 형태로 모순된다. 내가 오래전 경제학에서 스토리텔링의 수사학을 연구하면서 주장했듯이 사회공학이 그토록 훌륭하다면 부를 얻지 못한 이유가 무엇인가?[7] 산업정책도 마찬가지다. 이것은 유용한 조언이나 미래를 예언하는 역량에 기반한 강제적 수단으로 당신의 삶을 좌지우지하겠다는 전문가에게 마땅히 물어봐야 할 질문이다. 파우스트 박사가 이해했듯, 평범한 수준을 넘어서는 이익은 예측과 관리에 대한 능력을 갖췄음을 의미한다. 하지만 우리는 이익이나 창조적 경제의 미래를 예상하거나 통제하지 못한다. 인터넷이나 컨테이너화, 녹색 혁명, 자동차, 현대적 대학교, 증기기관의 출현을 예언한 경제학자가 있다면 이름을 대보라. 설사 이름을 댈 수 있더라도 그 사람의 은행 잔고를 확인하기까지 의심의 끈을 놓지 않을 것이다. "하나라도 찾으면 알려주시오 / 그런 순례는 유쾌할 것이오 / 하지만 그렇지 않다면 나는 가지 않겠소 / 옆집에서 우리가 만날지언정." 성장하려면 인간 행동의 창의성을 돌이켜 분석하는 확장적이면서도 신중한 인간학이 필요하다. 또한 개미와 같은 예측과, 관리의 인식론적 한계와 예측을 수용해야 한다. 이것이 휴머노믹스의 인간적 측면이다.

경제학에서 인간성을 진지하게 받아들이라는 제언은 수학에 대한 공격이 아니다. 나 역시 1874년에 "수학을 모르는 경제학자, 수학의 의미를 알지 못하면서 수학으로 경제 원리를 설명할 수 없다는 입장을 취하는 경제학자는 '인간의 자유는 그 자유를 방정식으로 만드는 것을 절대 허용하지 않는다' 또는 '수학은 사회과학의 모든 것인 마찰을 무시한다'라는 주장을 되풀이하도록 둬야 한다"라고 주장한 레옹 발라 Léon Walras의 의견에 동의한다.[8] (추가 요금 없이) 내 의견이 궁금한 분들을 위해 밝히자면, 경제학에서 수학과 통계학을 더 많이 사용해야 한다고 생각한다. 물론 현재 우리가 사용하는 많은 도구가 카고컬트를 조성한다고, 내가 오랫동안 주장해온 것이 사실이다. 우리는 과학적으로 관련 있는 수학과 통계학을 더 많이 이용해야 하며, 그 수준이 현재보다 더 높아야만 한다. 시뮬레이션, 오차 범위, 베이스의 분석, 함수 근사를 수행하고 공학과 물리학에서 배우며 생물학에서 배워온 진화적 수학을 이용해야 한다. 대신 수학과에서 이따금 배워온 무의미한 존재 정리들, 베이스에 반하는 피셔주의식 통계학과에서 이따금 배워온 무의미한 t 검정들은 지양해야 한다.[9] 또한 모든 모델이 맥스 U라는 소시오패스의 모험으로 구성되어야 한다는 새뮤얼슨의 계명을 넘어서야 한다.

요약하자면 휴머노믹스의 교훈은 자유로운 어른들의 창의성 앞에서 겸손할 필요가 있다는 것이다. 더 이상 인간의 지배는 없다. 신과 자연만 우리를 지배할 뿐이다. 1963년 레이철 카슨Rachel Carson이 '침묵의 봄'을 주장했듯, 1984년 제인 제이컵스Jane Jacobs는 활기찬 도시에 대해 "적절한 수정은 특정 시기, 특정 도시에서 형태와 무관하게 발현되는 창의성을 육성하는 일에 달려 있다. 미리 아는 일은 불가능하다"라고 주장했다.[10] DDT는 기적의 물질처럼 보였으며 석면은 기적의 자재와 같았고 계량경제학은 경제공학에서 기적의 도구처럼 여겨졌으나, 결국에는 그렇지 않은 것으로 드러났다. 로버트 모지스Robert Moses가 뉴욕시에 추진한 수용은 탁월한 계획으로 보였으나 사실은 그렇지 않았다. 중앙에서 세운 계획으로 멋진 기적을 일상적으로 달성할 수는 없다. '무지의 측정'이라는 모지스 어브래머위츠Moses Abramowitz의 지혜로운 표현처럼 생산 함수가 회계에 소급 적용하는 것이 아닌 만능의 대가가 된다면 카고컬트 학문과 다를 바 없다. 나 자신도 수십 년 동안 '저의 큰 탓입니다(mea maxima culpa, 가톨릭교에서 참회 기도를 할 때 고백하는 기도문_옮긴이)'를 실천하고 있다.

인간은 도시, 언어, 예술, 요리, 자연환경 안에서 살아가는 것과 같은 방식으로 경제 안에서 살아간다. 중앙에서 계획을 세워 위압하려는 시도는 제대로 작동하지 않게 마련이다. 따라서 능수능란하게 예측하고 통제하려는 충동, 즉 오귀스트 콩트Auguste Comte가 200년 전 구성주의 지시문 〈과학에서 행동이 나온다(savoir pour pouvoir. 전문은 Savoir pour prevoir et prevoir pour pouvoir[과학에서 예측이, 예측에서 행동이 나온다]_옮긴이)〉에서 이론화한 시도를 억눌러야 한다. 철학자 요기 베라 Yogi Berra와 물리학자 닐스 보어Niels Bohr의 표현대로 인간의 창의성이나 양자역학에서 특히 미래를 예측하기란 어려운 일이다. 그러므로 통제 또한 쉽지 않다.

여기서 그만. 이제 매우 자세하면서도 윤리적으로 절제된 경제생활 관련 인간학인 휴머노믹스를 본격적으로 다루고자 한다.

애덤 스미스를 따라
휴머노믹스를 연구해야 한다

이 모든 일의 시작점인 축복받은 사나이 애덤 스미스부터 살펴보겠다. 현재 경제학 연구에서 우려되는 사항은 경제 언어를 무시한다는 점이다. 다시 말하면 경제학은 철학, 문학, 신학, 역사와 더불어 문화인류학, 질적 연구 등 관련 인문학을 무시했다. 인간의 의미에 대한 연구를 무시한 것이다. 하지만 애덤 스미스는 '언어적 능력'에 대해 종종 언급했으며 그의 모든 저서를 통해 의미를 고찰했다. "1실링의 제공이 우리에게는 그 의미가 명확하고 간단해 보이더라도 실제로는 다른 사람에게 그렇게 행동하고, 그럼으로써 자기 이익에 부합하도록 설득하는 주장을 제기하는 것이다"라고 기록했다(출처가 스미스의 강의를 기록한 학생의 필기장이므로 '말했다'가 더 정확한 표현이겠다).[1]

사람들은 그저 아무 말 없이 돈을 내주고 머리를 깎아주지 않는다. 새뮤얼슨 학파의 가정대로 사람들은 자동판매기가 아니다. 사람들은 대화를 하거나 경제학자이자 휴머노믹스의 선구자인 아르요 클라머의 주장처럼(2011, 다른 저서 중에서는 1983) 이야기를 나눈다. 대화를 통해 가격 조정에 대한 의견을 나눈다. 대화에서 '현행' 가격이 정립되는 것은 애로-드브뢰Arrow-Debreu 공식에서 거래자 등의 모순이 실질적으로 해결되는 방식이며 실험 시장이 애로-드브뢰 조건과 근접하게라도 일치하지 않는데 놀랍도록 제대로 작동하는 이유다.[2] 앞서 언급했던 버넌 스미스는 "실험 경제의 주된 발견 사항은 시장에서 비인격적인 교환이 이론에서 정한 것보다 훨씬 취약한 정보 조건에서 반복적인 상호작용을 통해 경제학에서 의미하는 평형 상태로 수렴한다. 2인 게임에서 연구되었듯 개인, 사회, 경제적 교환에서 협력은 전통적인 게임 이론의 예측을 뛰어넘는다"라고 밝혔다.[3] 완곡하게 표현하자면 그렇다.

수사법에 관심이 많았던 애덤 스미스는 시장 참가자들이 "이런 방식으로 특정한 재주를 얻고 일을 처리, 다시 말해 남성들[과 여성들]을 관리한다. 이는 모든 사람이 가장 일상적인 일을 다루는 방식이다"라고 말을 이어간다.[4] 예를 들어 경제학 자체의 일상적인 사안을 다루는 방식이다(앞서 1980년대와 1990년대에 경제학의 수사에 대한 저서에서 이같이 주장한 바 있다). 그리고 나는 경제 자체의 일상적인 사안에서도 수사법이 큰 역할을 한다는 것을 나중에 깨달았다(아르요 클라머와 계산해보고 부르주아 3부작에서 근대 세계의 윤리와 역사에 적용했다). 이를 애덤 스미스는 나보다 250년 전에 알았던 것이다. "이런 식으로 모두가 일평생 타인에게 수사법을 쓴다."[5]

애덤 스미스의 첫 번째 저서이자 그가 가장 아꼈던 책이지만 정작 대다수 경제학자는 들어보지 못한(나도 1990년에야 알았다) 『도덕감정론 The Theory of Moral Sentiments』(1759, 6판은 스미스가 사망한 1790년에 출간)에는 우리가 공개석상이나 회의에서 절제의 미덕을 비롯한 도덕에 대해 어떻게 대화하는지를 다룬다. 스미스는 다른(1990년 이전의 나를 비롯해 경제학자들이 들어보기는 했으나 대부분 읽어본 적 없는) 저서에서도 신중함의 미덕에 대해 다뤘다. 스미스는 "[교환하려는] 이러한 성향이 인간 본성에 따른 고유의 특성으로서 추가적인 설명을 할 수 없는 것이든, 더 개연성이 있어 보이듯 [새뮤얼슨 경제학에서 주장하는] 사고 능력과 [스미스의 휴머노믹스에서 주장하는] 발언의 필연적 결과든 우리가 지금 알아보려는 주제에 해당하지 않는다"라고 밝혔다.[6] 맙소사! 언급했던 문제에 대해 더 알아보기를 바라는 사람도 있지 않겠는가. 『법학강의Lectures on Jurisprudence』에서 그는 "[분업의] 진정한 기초는 인간 본성에 만연해 있는 설득하려는 특성이다"라고 말했다(편집인들은 이 부분이 『국부론』을 인용한 것임을 발견했다).[7]

하지만 스미스 추종자들은 점차 언어와 설득, 의미를 경시하고 인간의 자유 밖에서 기계적 예측을 하는 데 이끌리기 시작했다. 1930년대까지는 그러한 추세가 완만하고 비독단적으로 진행된 덕분에 케인스가 야성적 충동에, 데니스 로버트슨Dennis Robertson이 사랑의 경제화에 관심을 보이는 등 인간의 의미가 이따금 끼어들곤 했다.[8] 하지만 20세기 초 실증주의와 라이어널 로빈스Lionel Robbins, 폴 새뮤얼슨, 밀턴 프리드먼(과 더불어 리처드 립시Richard Lipsey, 마이클 젠슨Michael Jensen, 게리 베커Gary Becker 등 다수)의 영향으로 경제 연구가 '행동'에 국한되고 말았다(불합리하게도 언어적 행동은 무시되었으며 이번에도 버넌 스미스와 바트 윌슨 등의 학파는 타인에게 웅변술을 행하는 실험적 주제에 대해 협력하고 경쟁하는 데 귀기울임으로써 기존 게임 이론의 예측을 넘어섰다).

하지만 1960년대 이후 정보 전달에 대한 조지 스티글러George Stigler(1961), 제이컵 마샥Jacob Marschak(1968), 조지 애컬로프George Akerlof(1970) 등의 연구에 대해 경제학자는 어떻게 답해야 할까? 많은 경우 정보는 언어로 전달된다. 1960년대 이래 경제학의 주요 발전 가운데 하나는 정보와 신호의 인식이다. 여기까지는 좋다. 하지만 한계편익과 한계비용의 정형화된 표현으로 취급될 수 있는 언어(2000년 아리엘 루빈스타인Ariel Rubinstein의 저서를 비롯해 경제 언어에 대한 최근의 모든 연구에 적용된 획일적 잣대)는 "옥수수 1부셸에 4.15달러를 제안합니다", "그 제안을 받아들이죠", "거절합니다"와 같이 정보나 지시의 전달에 불과하다. 자판기가 내뱉는 언어다. 문제는 애덤 스미스와 버넌 스미스가 지적했듯 경제에서 오가는 대화의 상당 부분이 그저 정보나 지시가 아닌 달콤하거나 그리 달콤하지 않게 설득하는 말이라는 것이다. "당신이 제시한 가격은 말도 안 되게 비싸네요", "우리 회사가 성공하기 위해서는 서로 협력해야만 합니다", "자동차 냉각팬에 대한 좋은 아이디어가 있는데 투자하셔야만 합니다", "아이폰 새 모델은 정말 멋져요", "지적 생산물은 사용하는 데 기회비용이 없으므로 재산으로 간주해서는 안 됩니다".

이 점이 중요한가? 설득하는 말이 경제적으로 중요한 의미를 지니는가? 그렇다. 클라머와 나는 이 점을 입증했으며 나중에는 미국의 직업 관련 통계를 토대로 현대 경제에서 근로소득의 4분의 1가량이 듣기 좋은 대화에서 창출된다는 점을 자세히 설명할 것이다. 여기서 듣기 좋은 대화는 거짓말이나 사기가 아닌 진솔한 설득을 주로 의미하며 경영자가 자유로운 근로자 집단을 향해, 교사가 학생들에게 독서를 권하면서, 변호사가 사회에서 법이 의미를 지니도록 설득할 때 필요하다.

(이름도 절묘한) 비협조적 게임 이론가의 표현대로 경제 언어가 '값싼 대화'에 불과하다면 언어를 무시하는 것은 중요한 일이 아니며, 경제활동에서 언어의 몫은 0을 향해 갈 것이다. 우리가 자판기라면 누구도 설득하는 수고를 들이지 않을 것이다. 뭐 하러 그러겠는가? 값을 치르고 선택하는 것은 자신에게 달려 있다. 경제 행위자가 쌀쌀맞지 않고 달콤하게 매수가와 매도가를 전달한다고 해서 더 가치가 있지는 않을 것이다. 시장, 기업, 가계에서 사람들이 경제활동에 대해 나누는 대화는 왼손잡이나 빨간 머리와 같은 성질로, 특정한 목적에서 영문학과나 미용실의 관심을 끌 수는 있어도 경제의 거칠고 마초적이며 과학적인 측면과는 무관하다.[9]

하지만 사실은 그렇지 않다. 효용 극대화를 표방하는 경제학으로는 듣기 좋은 대화를 설명할 수 없으나 그런 대화는 무척 중요하다. 셰익스피어가 쓴 대다수 희곡을 비롯해 수천 년 동안의 문학 탐구에서 예견되었듯, 그러한 사고에 대한 현대 사회과학에서 초창기 사례로 정치학자 에드워드 밴필드Edward Banfield가 이탈리아 남부의 한 마을을 그린 고전 『후진 사회의 도덕적 기초The Moral Basis of a Backward Society』

(1958)를 들 수 있다. "도덕심이 없는 가족주의 사회에서('소프라노스'처럼 가족을 유일하게 중요한 도덕적 대상으로 여긴다는 점에서 밴필드는 그렇게 명명했다) 사적으로 이익이 되지 않는 한 누구도 공동체의 이익을 추구하지 않을 것이다."[10] 밴필드의 주장은 불가능성 정리다. 클라머, 허시먼, 엘리너 오스트롬Elinor Ostrom이 지향하는 대화에 능한 사람들과 달리 맥스 U는 대화를 나눌 필요가 없다. 밴필드가 그린 남부 이탈리아인은 비협조적인 게임의 규칙을 따를 뿐이다.

하지만 게임 이론과 게임에서 가장 분명하고도 오래된 요지는 게임의 규칙이 대화를 통한 합의로 수정될 수 있다는 것이다. 초기 체스에서는 비숍을 한 번에 한 칸만 움직일 수 있었다. 그러다가 규칙이 변경되었고 비숍이 핀을 걸 수 있게 되었다. 오래전 배우자와 함께 이스라엘계 미국 친구인 조엘과 마갈릿 모키르 부부와 아이오와 시티의 우리집에서 모노폴리 게임을 한 적이 있다. 우리 부부는 꽤나 영리하게 모노폴리 게임을 한다고 자부했다. 예를 들어 뉴욕 애비뉴가 위치한 주황색 세 칸을 비롯해 즉시 독점적으로 주택을 지어야만 하는 1차 메타 규칙을 적용했다. 그러나 모키르 부부는 손쉽게 우리를 앞서갔다. 게임에서 공식적으로 정한 느슨한 틀 안에서 2차 규칙을 활용해 조건부로 임대료를 면제하는 등의 부차적인 제안을 허용했기 때문이다. "모노폴리 돈 1,000달러에 뉴욕 애비뉴 카드를 팔면 모노폴리 칸에 오더라도 두 번까지는 임대료를 물지 않도록 하죠." 정치학자 엘리너 오스트롬과 오스트롬의 동료 로이 가드너Roy Gardner 등의 경제학자 동료가 입증했듯 감언이설이 난무했다.[11] 실제로 지난 수십 년 동안 실험경제학에서는 실험 대상자들이 대화를 통해 관계를 정립하는 것을 허용하면서 협력 수준이 급격히 상승했다는 점이 반복적으로 입증되었다. 아이들이 대화하도록 놔두면 어느 순간 힘을 모은다. 시장에서도 마찬가지다.

토머스 홉스Thomas Hobbes는 "강압적인 힘에 대한 두려움이 없는 한 말로 인한 결속력은 인간의 야망, 탐욕, 분노, 기타 열정을 억제하기에 약하다"라고 단언했다.[12] 아니, 홉스, 그건 아닙니다. 말은 때때로 가슴 속의 공정한 관중을 하나로 묶어주고 속담처럼 조언을 해주기도 한다. 아무리 경제학자라도 해를 끼치지 않고 진실하게 진리를 추구하겠다는 선서에 부끄러움을 느낄 수 있는 것이다.[13] '믿을 수 있고 선한 옛 친구 맥스'와 구두로 형성된 신뢰로 비즈니스를 수행할 수 있지만 심술궂은 옛 친구 맥스 U의 끊임없는 의심 속에서는 그럴 수 없다. 맥스 U는 새뮤얼슨식의 비협조적인 방식으로 효용을 은밀히 추구하는 자로, 소시오패스의 목적을 추구한다는 점 외에는 전혀 믿을 구석이 없다.[14]

도널드 트럼프Donald Trump의 사업과 정치적 활동을 성공으로 이끈 것은 결국 트럼프가 인간 협력의 기초가 되는 모든 신뢰 요소에서 체계적으로 이탈했기 때문이다. 그는 하청업자에게 약속한 보상을 한 번도 지급하지 않았다. 불만이 제기되면 언제나 소송으로 대응했다. 기업인들, 나아가 유권자들이 트럼프의 행동에 놀라고 분개했다는 사실은 그와 정반대로 정직하고 품위 있게 행동하는 것이 언어를 통해 드러나는 경우가 흔하다는 점을 생생하게 보여준다. 조 바이든Joe Biden을 보라.

효용 극대화는 모성애나 자살 폭탄에서 볼 수 있듯 인간적인 의미를 지니지 않는다. 행동주의 경제학의 기틀을 마련한 장본인인 로버트 프랭크Robert Frank는(사람은 좋게 생각하나 분야 자체는 마땅찮게 생각한다) "자동차의 크랭크실 윤활유를 마시자마자 사망한 사람이 있다면 그 사람이 크랭크실 윤활유를 무척 즐겼던 것이 분명하다고 사인을 설명하지 않을 것이다"라는 멋진 표현을 썼다.[15] 협상의 틀은 사람들이 말하는 이야기에 달려 있다.[16] 언어, 신뢰, 듣기 좋은 말, 대화는 모두 맥스 U의 "나만 좋으면 되지"를 넘어서는 도덕적 의지에 좌우된다.

클라머부터 버넌 스미스, 허버트 긴티스Herbert Gintis에 이르기까지 이 분야와 관련된 문헌이 경제학에서도 방대해졌다. 오래전부터 프리드리히 하이에크 등의 오스트리아 경제학자와 이즈리얼 커즈너는 통상적인 '제약 조건하에서의 최대화'를 넘어 발견과 기타 인간 행위의 중요성을 인식했다. 하지만 오스트리아 학자들조차 언어의 역할을 간파하는 수준에 이르지 못하는 경우가 대부분이었고, 조지메이슨대학교 등의 제자들, 그 제자들의 제자들이 극복하기 위해 애쓰는 결점이다. 특히 조지메이슨대학교의 고故 돈 라부아가 루트비히 라흐만에게 영감을 받아 그러한 프로그램을 시작했으며 도널드 부드로Donald Boudreaux, 잭 하이Jack High, 카렌 본Karen Vaughn, 피터 뵈케, 대니얼 클라인Daniel Klein, 로런스 화이트Lawrence White, 버질 스토르Virgil Storr, 에밀리 챔리라이트Emily Chamlee-Wright 등이 뒤를 이었다. 그리고 조지메이슨대학교 외에 뉴욕대학교의 마리오 리초Mario Rizzo, 볼주립대학교의 스티븐 호르비츠Steven Horwitz, 노던미시간대학교의 데이비드 프리히트코David Prychitko 같은 다른 기관의 새로운 오스트리아인들은 분리식 응축기가 증기기관의 효율성을 높인다거나 부르주아를 경멸이 아닌 다른 방식으로 다루면 경제가 성장한다는 등의 실제적인 발견이 우연히 대두한다고 지적한다. 커즈너는 또 다른 체스 비유를 써서 '앙파상(체스에서 폰으로 상대 폰을 잡는 특별 규칙_옮긴이)'이라고 표현했다. (조엘 모키르가 '거시적 발명macroinvention'이라 부른) 진정한 발견은 특정 방법론을 따르는 것으로는 이룰 수 없다. 그렇지 않으면 알려지기 전에 알려지는 모순이 발생한다.[17] 하지만 커즈너가 '각성alertness'이라고 부른 특성에 의해 일단 발견이 이루어지면 듣기 좋은 말이 더해져야 열매를 맺을 수 있다. 아이디어가 인간의 대화로 이어지지 않는다면 아이디어에 그칠 뿐이다. 그리하여 현대 세계는 듣기 좋은 말에 의존하게 되었으며, 이러한 말은 경제라는 시계에서 태엽 역할을 한다.

3장
경제사는 휴머노믹스 이외의 방식이
왜 문제인지 보여준다

경제학에서 스미스의 휴머노믹스를 실천하기에 자연스러운 분야는 경제사, 즉 스코틀랜드, 프랑스, 중국 등의 과거 경제를 연구하는 분야다. 그것이 '자연스러운' 이유는 경제사에는 죽은 사람들의 생각조차 살필 수 있는 환상적인 기술이 있기 때문이다. 그 기술이란 경제학의 많은 사람이 부인하지만 '독서'다. 경제에 대해 사람들의 목소리에 진정으로 귀를 기울이는 방식이다. 영예로운 고인들의 생각을 파악할 수 있으니 얼마나 멋진 기술인가? 뇌 각 부분의 혈류와 같이 구체적인 목적을 위해 외부적인 측정에 만족할 필요도 없다. 개미와 침팬지 연구에도 쓰이는 신체적이고 (부분적) 행동 증거가 대비되는 개념으로서 생각과 언어가 경제학에 중요하다면 생각을 읽는 기술을 손쉽게 활용하고 사용할 수 있는 것은 좋은 일이다. 경제학, 특히 역사경제학은 행동과 혈류만으로 설명할 수 없다.

따라서 경제학의 미래는 경제사의 현재와 특히 가까운 미래의 약속에서 인식이 가능할 수도 있다. 현실적으로는 안타깝게도 행동과학이라는, 실제 과학과 상당히 다른 카고컬트가 향후 10년 동안 경제사학자들을 지배할 가능성이 있다.

예를 들어 경제사에서 더글러스 노스의 신제도주의자들에게 인기 있는 분석적 기술analytical narratives은 우려스럽다. 물론 경제사학자이자 거시경제학자였던 고故 리처드 서치Richard Sutch가 설득력 있게 주장하고 입증한 바와 같이, 경제사는 스냅 사진에 대비한 영화처럼 경제 행위를 이야기로 풀어냄으로써 경제학에 기여한다.[1] 문제는 의미 있는 수준의 정량적 테스트를 거치지 않았다는 것이다. 역사적 신제도주의에서 계량화는 자주 일어나지 않는다(예시는 이 시리즈의 다른 책 참고). 경제사의 어떤 작은 조각이 경제학적 분석 결과에 '부합'한다면 그뿐이다. 이 절차는 논리실증주의의 좀비 버전이다. 우리가 원하는 것은 제프리 윌리엄슨Jeffrey Williamson의 경제사에서처럼 양적으로 시선을 끄는 요소(일반균형 시뮬레이션에서 시선을 끄는 요소가 무엇인가?) 혹은 인문주의자가 양적 분석 대신 사용하듯, 알렉산더 거센크론Alexander Gerschenkron의 경제사처럼 진지한 비교역사를 제시하는 것이다(러시아에서는 제대로 작동하는가?).[2] 둘 중 하나 이상이 필요하다.

분별 있는 사람이라면 경제학적 아이디어가 질적 분류에 국한된다고 하더라도 이론에 반대하지 않는다. 경제학적 아이디어가 수학, 다이어

그램, 말로 포장되어 있는 것은 중요하지 않다. 그 아이디어는 비대칭적 정보일 수 있고, 신호, 투입과 산출, 계산 가능한 일반균형, 재산권, 거래비용, 뭐든 좋다. 그런데 아이디어가 이 세상에서 실질적으로 검증되지 않고, 분석적 기술이나 질적 정리에 그친다면, 과학적으로 말해 우리가 가진 것은 무엇인가?

아, 계량경제학으로 검정을 수행한다고 답할지 모르겠다. 과학적인 역사경제학에서 최근 계량경제학을 검정에 필요한 유일한 도구로 정했다고.

하지만 우리는 계량경제학으로 검정하지 않는다. 적합한 도구가 아닌 것이다. 제2차 세계 대전 이후 중요한 경제적 사실 중에서 계량경제학적 검정을 통해 기각되거나 수용된 것이 있는지 열거해보라(자세한 내용은 시리즈의 다른 책 참고). 로버트 포겔Robert Fogel은 『철도와 미국의 경제성장Railroads and American Economic Growth』(1964)에 '경제사 시론'이라는 부제를 달았다. 하지만 사실 포겔은 1964년 당시의 초기 정의를 적용하더라도 계량경제학을 사용하지 않았다. 시뮬레이션을 사용한 것이다. 비슷한 시기에 경제학자 리치 바이스코프Rich Weisskoff와 나는 하버드에서 존 메이어John Meyer의 (무능한) 대학원 연구 조교로서 그가 1964년 앨프리드 콘래드Alfred Conrad와 공동 집필한 『노예 경제학: 계량경제사의 기타 연구The Economics of Slavery: And Other Studies in Econometric History』의 편집을 도왔다. 사실 메이어와 콘래드는 시뮬레이션, 회계, 경제사상을 활용했으며 t 검정은 거의 볼 수 없었다. 예를 들어 메이어가 수행한 시뮬레이션 중 하나는 19세기 후반 영국의 성장에 대한 투입-산출 연구다. (투입-산출의 중독에서 회복된 후 나는 이 기법이 특히 경제 순환에서 한 번의 회복기를 거친 뒤에는 경제성장을 설명하는 데 무용지물임을 깨달았다. 도입에서 밝혔듯, 더딘 깨달음이 시작된 시점이다. 여기서 '더디다'는 말은 '40년 뒤'를 의미한다.[3] 바실리 레온티에프Wassily Leontief의 투입-산출 분석과 폴 새뮤얼슨의 생산함수 분석이 어제나 오늘이나 동일한 일상에 대한 기계적이고 사후적인 설명을 제공하지만 현대 사회를 특징짓는 창의성의 폭발 원인은 식별하지 못한다는 것을 깨달았다.)

콘래드와 메이어의 저서는 미국 노예의 수익성에 대한 시뮬레이션과 계산으로 제목을 달았다. 당시 메이어가 응용계량경제학의 선구자였고 콘래드는 계량경제학을 창안한 로테르담대학교 얀 틴베르헌Jan Tinbergen의 연구실에서 1년을 보낸 바 있지만, 두 사람의 저서 어디에서도 계량경제학은 사용되지 않았다. 물론 초평면을 관측 데이터에 맞추는 데 문제는 없다. 내 절친의 일부는 초평면이다. 다중 회귀로 데이터를 관찰하는 무해한 방법을 카고컬트로 바꾸는 것은 중요한 변수를 선택하기 위해 t 검정을 사용하는 것이다. t 검정으로는 그렇게 할 수 없다. 비록 대다수 경제학자가, 내가 미국 통계학회에서 얻은 지혜와 달리, 여전히 그렇게 할 수 있다고 생각하고 있지만.

일반적으로 경제학과 대학원에서 정량적 방법을 배우는 것은 나의 경우처럼 3학기 동안 계량경제학을 통해서다(한 학기는 메이어에게서, 나머지는 시뮬레이션의 선구자인 기 오컷Guy Orcutt에게서 배웠다). (메이어, 오컷, 바버라 베르크만Barbara Bergmann 등과 농업경제학자들의) 시뮬레이션, 기록 연구, 실험, 설문 조사, 그래프 작성, 국민소득 산출, 진지한 자기 성찰

(결국 우리 모두는 매우 경제적인 원자다) 등의 다른 경험적 방법을 가르쳐주지는 않는다. 계량경제학자 데이비드 헨드리David Hendry는 "검정, 검정, 검정"을 외친다. 문제는 헨드리가 의미하는 '유의성' 검정이, 예를 들면 1957년 케네스 애로Kenneth Arrow가 지적한 바와 같이, 망했다는 것이다. 그리고 나 또한 전미통계학회에 모인 통계학자들이 애로의 주장에 동의했다는 점을 강조하고자 한다.[4]

위대한 경험주의자 스미스로 다시 돌아가보자.

4장

경제학에 인문학이 필요하다

현황 얘기는 할 만큼 했고, 내가 경제사, 나아가 경제학에 바라는 바는 무엇인가? 단기적으로는 현실성이 떨어지더라도 어떤 미래를 기대하는가? 짧게 말하자면, 경제사가 앞으로도 경제학과 역사학에서 과학적인 분야가 되기를 바라지만 휴머노믹스로 확대해 지금보다 더 과학적으로 발전하기를 원한다.

이미 간략하게 지적했듯 영어에서 '과학science'은 문제가 큰 단어이며 경제학자와 경제사학자가 물리학에 대해 상상하던 것을 흉내 내도록 오랫동안 호도해왔다. 프랑스어부터 중국어에 이르기까지 다른 모든 언어에서 과학 관련 단어는 되는대로의 저널리즘이나 근거 없는 의견 등과 구분되는 '체계적인 연구'를 뜻할 뿐이다. 예를 들어 영어에

서 '정신과학'이라는 으스스한 말로 직역되는 Geisteswissenschaften
은 독일어에서 인문학을 지칭하는 일반적인 단어다. 네덜란드어
kunstwetenschap(예술 과학)을 영어권에서는 '예술사' 또는 '미학'이라
고 부르며 과학에 대응해 인문학에 굳건히 위치시킨다. 현대 영어에서
만 그러한 일이 벌어진다. 이탈리아에서는 학업 성적이 우수한 열두 살
짜리 딸에게 어머니가 'mia scienziata'라고 부르는데, 오늘날 영어로
옮기면 '나의 과학자my scientist'라는 말로 꽤 어색하게 들린다.

  과거 영어에서는 'science'에 Wissenschaft나 wetenschap,
scienza의 의미도 담겨 있었다. 1711년 알렉산더 포프Alexander Pope는
『비평론An Essay on Criticism』221~224행에서 "우리 마음의 좁은 시야로
는 / 눈앞의 전망은 보되 뒤에 펼쳐진 광경은 보지 못한다 / 하지만 한
걸음 더 나아가 경이롭게 바라보라 / 먼 곳에서 무한한 학문이 부상하
는 모습을"[1]이라고 말했다. 여기서 포프는 자연과학을 가리킨 것이 아
니다. 그러다가 19세기 들어 아마도 옥스퍼드대학교와 케임브리지대학
교에서 화학과 교수직을 놓고 다툼이 벌어진 결과인지, 이 단어는 물질
계의 체계적 연구를 가리키는 단어로 특화되었다. 새로운 의미는 1860
년대부터 『옥스퍼드 영어 사전』에서 채택되어(앨프리드 마셜은 이를 채택
한 적이 없으나 케인스 시대에는 모두가 받아들였다) 5b에 기록되었다. 오늘
날에는 일상에서 주된 의미로 사용되고 있음을 사전 편찬자를 통해 알
수 있다.

  지난 150년 동안의 용례와 '경제학이 과학인가'에 대한 어리석은 논
쟁은 자연과학자들이 거만한 태도로 사회과학을 비웃을 수 있도록 허

용했다(내가 사용했던 '카고컬트'에 대한 파인먼의 농담은 무지하게도 사회학을 향한 것이었다). 그런데 경제학, 경제사, 사회학이 과학이 아니라고 판단하는 것이 실질적으로 어떠한 영향을 미치는가? 사회과학자들은 국립과학재단과 국립과학아카데미에서 단호하게 추방될 것이다. 이는 슬프며 이로울 것이 없는 일이다. 하지만 그러한 추방이 경제학이나 역사학의 실제 관행을 변화시킬까? 그럴 수도 있겠지만, 아마 그 변화는 더 나은 방향으로 일어날 것이다.

실질적으로 물리든, 사회든, 개념적 문제든 상관없이 모든 체계적 탐구에서 인문학을 지배하는 범주의 특질categorical qualia은 기본적인 단계다. 문학 비평, 정수론, 신학 등의 인문학에서 선/악, 서정시/서사시, 12음/선율, 적색 거성/백색 왜성, 인류/호모사피엔스, 하느님/신, 최고/나머지, 의식/그렇지 않음, 존재/존재하지 않음 등의 범주를 연구한다. 두 문화의 전쟁에서 중요하지만 간과되는 점은 숫자를 세기에 앞서 호모사피엔스/호모사피엔스 네안데르탈렌시스와 같이 신중하게 고려된 정의에 따라 범주를 이해해야만 한다는 것이다. 뻔한 이야기지만, 경제학자 중 반인문주의의 조지 스티글러나 마이클 C. 젠슨, 머리 로스바드Murray Rothbards에게는 그렇지 않은 모양이다.

예를 들어 경제 이론은 전적으로, 그리고 적절하게도 인문주의적이며 정의와 관계를 다루는데, 때로는 '정리'라고 불리며 경험과학에서는 보다 실제적으로 '도출'이라고 한다. 이론은 범주에 대한 것을 다룬다. 로널드 코스는 거래비용이 중요할 수 있음을 말했다. 거래비용은 이에 따라 정의되어야 한다. 어빙 피셔Irving Fisher와 밀턴 프리드먼은 MV

와 PT가 동일함을 주장했다(MV는 통화량과 화폐 유통 속도를 곱한 화폐시장의 거래 총량을, PT는 물가와 거래 총량을 곱한 실물경제의 거래 총량을 의미한다_옮긴이). 프랜시스 에지워스Francis Y. Edgeworth와 새뮤얼슨은 (dU/dx)/(dU/dy)가 $Px/$Py와 동일하다고 주장했다. 오스트리아 경제학자 루트비히 폰 미제스와 비오스트리아인 케인스, 미샤우 칼레츠키Michał Kalecki, 조지 섀클George Shackle은 시장이 균형보다는 불균형 상태의 이벤트와 더 관련 있다고 봤다. 이즈리얼 커즈너는 이론에서, 디드러 낸슨 매클로스키Deirdre Nansen McCloskey는 경제사에서 알려진 함수나 일상적인 제도에서 일반적인 축적이나 최대화를 하는 것보다 발견을 수행하는 것이 인류 진보에 더 중요하다고 주장한다. 전자는 시계에 필요한 부품이기는 하지만 움직이도록 만드는 태엽이 아니다.

경제 이론화 수준에서 이러한 모든 학자는 인문주의자로서 실제 시장의 역사를 조사하기에 앞서(많은 경우 조사하는 대신) 범주와 도출을 다룬다. 2014년 노벨상을 수상한 장 티롤Jean Tirole은 2006년 금융 이론에 대한 저서에서 수백 개의 이론을 집대성했는데, 어떤 이론이 실제 금융 시장에 적용할 수 있는지는 증거를 제공하지 않았다.[2] 좋든 나쁘든 그의 저서에는 이마누엘 칸트Immanuel Kant의 『순수이성비판』이나 스리니바사 라무나잔Srinivasa Ramunajan이 정수론에 관해 남긴 노트 못지않게 인문주의가 담겨 있다.

정의와 그와 관련된 정리가 훌륭하고 유익한 경우도 있지만 어리석고 호도하는 경우도 있다. 인문학과 모든 학문의 인문학 단계에서는 계산이나 비교, 세계에 관한 그 밖의 사실 연구에 앞서 의문점을 연구해 제안된 범주가 훌륭한지, 아니면 어리석은지에 대한 주장을 제기한다. 인문학은 인간의 정신과 더불어 존 밀턴John Milton의 『실낙원』이나 볼프강 아마데우스 모차르트Wolfgang Amadeus Mozart의 〈플루트와 하프 협주곡, K. 299〉, 모든 소수쌍 집합, 국내총생산GDP의 정의와 같이 인간 정신의 흥미로운 산물에 대해 연구한다. 연구는 뜻이나 구문이 다음 행으로 이어지는 시, 협주곡/이중 협주곡, 소수/비소수, 마케팅한 제품/마케팅하지 않은 제품 등 범주에 따라 달라진다. 인간이 사용하는 쓰임새에 따라 달라지는데, 신이 인간에게 지시하는 것이 아니다. 우리 인간이 하는 것이다.

예를 들어 20세기 초 많은 경제학자와 영국의 위대한 통계학자 칼 피어슨Karl Pearson 같은 다른 학자들은 '아리아 인종'이라는 범주에 대해 똑똑하고 경제와 사회에 대한 사고에 기여한다고 생각했다. 피어슨이 나중에 품었던 견해를 보여주는 1925년의 사례를 보자. "평균적으로 양성을 모두 고려할 때 이 외래 유대인 인구는 토종 인구보다 신체적으로나 정신적으로 열등하다." 초기 의견을 담은 1900년의 사례는 다음과 같다. "열등한 동물에서는 열등한 자손만 나온다."[3] 당시 미국의 진보주의자, 특히 그중에서도 저명한 경제학자들이 그러한 인종 차별주의를 굳게 믿었으며, 우생학적으로 아리아 인종을 완벽하게 만들기 위한 이민 제한(나중에 KKK[Ku Klux Klan]의 지원에 힘입어 법에 반영되었다), 최저임금(오늘날의 진보주의자들도 옹호한다), 강제 불임(1927년 대법관 올리버 웬들 홈스 주니어Oliver Wendell Holmes Jr.는 "정신박약은 3대면 충분하다"라고 말했다)과 같은 정책을 지지했다.[4] 충격적인 경험과 더 깊은 사유를 거친 뒤 우리는 호모 사피엔스 사피엔스 외에 '인종'이라는 범주가 어리석고 호도하며 악하기까지 하다는 판단에 이르렀다. 이러한 판단 자체는 유용한/호도하는, 지혜로운/어리석은, 선한/악한이라는 인문학적 범주에 대한 사유에 따라 달라진다.

인문주의 최초 1단계의 필요성은 인문학les sciences humaines이나 정신과학die Geisteswissenschaften과 더불어 물리학과 생물학에도 적용된다. 의미가 과학적인 것은 과학자가 인간이기 때문이다. 과학자는 베타 붕괴의 의미와 같이 관심을 불러일으키는 주제에 대해 질문을 제기한다. 이는 토머스 쿤 이래 과학 연구의 주요 결론이다. 덴마크의 물리학자 닐스 보어는 1927년 "물리학의 과제가 세계에 대해 발견하는 것이라는 생각은 잘못되었다. 물리학은 세계에 대해 우리가 무엇을 말할 수 있는지에 관심을 둔다"라고 말했다.[5] 우리, 인간은, 단어를 사용해, 말을 하는 존재다. 그러한 정신과학적 범주에 대해 독일계 미국인 시인 로제 아우슬렌더Rose Ausländer는 1981년 "태초에 / 말씀이 계셨고 / 이 말씀이 하느님과 함께 계셨다 / 하느님이 그 말씀을 우리에게 주셨으며 / 우리는 말씀 안에서 살았다 / 그 말씀은 우리의 꿈이며 / 꿈은 우리의 삶이다"라고 노래했다.[6]

우리는 은유와 이야기, 혹은 이론과 사실을 통해 범주를 꿈꾸며 세상에 있는 요소와 우리의 꿈에 있는 요소에 제약을 받는다. 이를 통해 모델 및 경제사와 더불어 세계와 같은 과학적 삶을 만든다. 시인 월리스 스티븐스Wallace Stevens는 키웨스트 해변을 걷고 있는 동료에게 "오! 질서를 향한 축복의 갈망이여, 창백한 라몬이여 / 바다의 단어에 질서를 찾아주는 창조자의 갈망이여"라고 외쳤다. 인간은 단어를 나열하는 방식으로 만발해서 와글대는 세상의 혼돈에 질서를 부여한다. 해변에서 여성의 노래를 듣고 스티븐스는 "그녀가 노래할 때, 바다는 / 그 자아가 무엇이었든, 자아가 되었지 / 그건 그녀의 노래였네, 그녀가 창조자였으니"라고 노래한다[7] (고전 교육을 받은 스티븐스는 시poem의 어원인 그리스어 'poiemis'가 '창조자'를 의미한다는 데 주목한다).

그러한 사고에 두렵거나 정상이 아니거나 프랑스적이거나 포스트모던 또는 허무주의 요소는 없다. '가장 까다로운' 과학은 인간의 범주에 의존하며, 이에 따라 수사학과 해석학, 과학에서 인간의 대화에 필요한 말하기와 듣기 측면을 활용한다. 예를 들어 '자본 축적' 범주는 스미스-마르크스-케인스의 방식처럼 집계변수 수준에서 정의될 수 있다. 혹은 개별 경제주체 수준에서 각 투자 행위에 따라 오스트리아 방식으로 정의될 수도 있다. 과학에서 정의는 중요하며 정의에 따라 우리가 측정하려는 대상이 변화한다. 아니면 적어도 정책 또는 정책의 부재를 거쳐 대화로 이어진다. 케인스의 정의는 현명한 정부 경제학자들이 투자를 사회화하는 정책에 어울린다.[8] 1936년 케인스는 증거 없이 "자본-재화의 한계효율을 장기적 안목과 일반적인 사회 이익을 토대로 계산해야 하는 국가State는 직접적으로 투자를 계획하는 데 더 큰 책임을 져야 한다"라고 주장했다.[9] 오스트리아 경제학자들의 정의는 투자가에게 재량을 주는 정책에 더 적절하다. 투자가들은 프로젝트에 대해 더 많은 정보를 가지고 있고 프로젝트가 실패하면 불이익을 받기 때문이다. 경제 이론에서 인문학이 담당하는 일은 그러한 범주를 고려하고 내적인 논리를 드러내며 비판 및 수정하는 것이다. 영문과와 물리학과에서 날마다 진행하는 일과 다르지 않다.

물론 경제학과 같은 서술적인 학문에서는 인문학적 단계가 (내가 과학적 사고에 상당히 필요한 단계라고 강조하고는 있지만) 과학적 연구의 전부는 아니다. 질서를 향한 축복의 열망에 매혹된 경제학자들이 종종 이를 간과한다. 이런 이론만으로 과학이 되지는 않는다. 실제 그 어떤 서사시나 콘체르토에 적용된 적 없는 이론을 세워놓으면 인간 세상에 실재하는 서사시나 콘체르토를 제대로 표현해내지 못하는 잘못을 저지를 수도 있다.

케네스 애로(1921~2017)나 프랭크 한Frank Hahn(1925~2013)이 수행한 것처럼 인문학적 이론화에 전문성을 갖추는 것은 멋진 일이다. 하지만 엄격한 실험, 관찰, 성찰이나 진지한 검정을 수행하지 않는다면 온전하게 과학적으로 기술하는 것이 아니며 애로와 한은 추상적인 일반균형에서 대부분 그런 작업을 하지 않았다. 아서 다이아몬드 주니어Arthur Diamond Jr.는 경험적 사용을 살폈으나 아무것도 발견하지 못했다.[10]

이는 예상되었던 바다. 물리학과 같은 세상을 설명하는 과학이든, 평범한 인생의 과거사를 체계적으로 조사해 세상을 설명하는 유쾌한 경제사든, 정량적인 주장을 한다면 인문학적 단계를 거친 뒤에는 실제 베타 붕괴를 계산하거나 유럽을 중국과 비교하는 검정을 수행해야 한다. 1340년대 후반 유럽에서 전염병으로 사망한 사람 수를 셈한다면, 전염병이 유래하고 유사한 피해가 발생한 중국에서 전염병이 미친 영향과도 비교해야 한다. 중국에서는 전염병으로 몽골 지배자의 천명天命이

50

약화되었다. 따라서 1750년 이후 대풍요Great Enrichment가 1348년 유럽 인구에 미친 충격의 영향을 받았다는 이론에 의구심을 제기할 수 있다. 이론이 옳다면, 중국에서 동일한 결과가 나타나지 않은 이유는 무엇인가?

경제학에서 계산이나 비교를 수행하지 않는 경우가 너무 많다. 경제학자들이 정리가 사실적인 '통찰'을 제공한다고 여기고 통계적 유의성이 사실에 대해 이론을 '검정'한다고 믿기 때문이다. 이들은 이론과 계량통계학이 전문화를 거듭할 수 있다고 주장한다. 실제 거래는 신경 쓰지 않는다. 이런 절차는 물리학을 모방한 것이라고 설명한다. 하지만 경제학자들은 실제로 물리학이 어떻게 작동하는지 연구하지 않는다. 물리학자들은 엔리코 페르미Enrico Fermi와 리처드 파인먼의 삶과 기록에서 알 수 있듯 (이론가라도) 물리학계의 『경제사 저널Journal of Economic History』 같은 저작물을 연구하는 데 상당한 시간을 할애한다.

● ● ●

그러면 어떻게 해야 할까? 이 질문에 답을 해보겠다. 경제사와 경제학은 오늘날의 유아기적 반인문주의 접근에서 벗어나 인문주의적 연구를 수행해야 한다. 그러기 위해서는 『옥스퍼드 영어 사전』 5b에 정의된 과학자의 흰색 가운을 입을 자격이 없다는 염려를 극복해야 한다.

역사 경제학자는 휴머노믹스의 이점을 누리기에 유리한 위치에 있다. 가령 윌리엄 라조닉William Lazonick이 오랫동안 강조해온 것처럼 기업과 경제사를 융합하는 것이다.[11] 하지만 그러려면 국립과학원에 대한 근심을 접어두고 면직물 수출 통계든, 홈스테드 학살 사건 중 앤드루 카네기Andrew Carnegie가 헨리 프릭Henry Frick에게 보낸 전보든, 18세기 잉글랜드 연극의 주제든 상관없이 경제와 관련된 모든 증거에 관심을 기울여야 한다. 예를 들어 18세기 잉글랜드 연극의 주제는 18세기 초 잉글랜드를 엿볼 수 있는 강력한 증거로서 독일과 이탈리아, 스페인과 달리 사회적으로 기업에 대한 태도가 급격히 변화했음을 알려준다.[12]

경제학계 동료들은 외면적인 행동만 중요하다고 여기는 1930년대 심리학을 고수하면서 인간의 의미를 무시하는 행동주의 경제학의 방향을 향해 가고 있다. 마치 야샤 하이페츠Jascha Heifetz의 팔 근육을 점차 면밀하게 연구해서 그의 바이올린 연주를 이해할 수 있다는 듯이, 신경경제학은 뇌를 연구하되 생각은 무시한다. 마찬가지로 신제도주의에서는 의미 없고 어리석은 맥스 U의 역사를 이야기한다. 바로 그 맥스 U의 의미 없음이 진정한 과학의 표지라고 자랑스럽게 확신하면서.

경제사학자가 취할 해법은 불평등의 확산 등 노동 시장의 최신 '정책 문제'를 뒤쫓지 않는 것이다. 물론 현재에 충실한 동료들에게 겁먹은 젊은 학자들에게 그런 유혹이 크다는 점은 인정한다. 텔레비전, 신문, 최신 정책은 국부의 특성과 원인을 연구하는 데 영구적으로 중요한 요소로 안내해주지 못한다. 지나치게 작은 창을 통해 경제학과 경제사를 살핀다면 학문을 잘못 연구하고 시민들에게 해를 입힐 수 있다. 중국의 고위 공산당원이었던 저우언라이周恩來는 프랑스 혁명에 대한 의견을 질문받자 "답하기에 시기상조다"라고 대꾸한 것으로 알려져 있다.

이는 과학적 태도다(아마 그는 1968년 프랑스에서 발생한 학생운동에 대해 질문을 받았다고 생각했을 것이며, 이 경우에는 그리 과학적이라 할 수 없다). 언젠가 로버트 포겔은 내게 자신이 연구 주제를 선택하는 원칙을 소개하면서 50년 후 중요성이 없어질 만한 주제는 택하지 않는다고 했다. 1970년대 초 그가 미국 연방 정부의 토지정책 역사에 대한 잠정적 연구를 포기한 이유가 여기에 있다. 보다 과학적인 태도라 할 수 있다.

향후 50년 동안 경제사에서 중요하게 다룰 문제는 빈곤과 빈곤 퇴치이며 정치사에서는 독재와 독재 종식이 중요한 사안일 것이다. 빈곤과 독재가 끝나면 다른 문제도 풀린다. 그러니 중요한 사안에 집중하는 것이 더 낫지 않은가?

5장

상식과 지적 자유무역의
문제일 뿐이다

단도직입적으로 말해 경제사와 경제학에는 각성이 필요하다. 예를 들어 각성을 촉구하는 경제사학자 로버트 와플스Robert Whaples의 세련되고 근거가 탄탄한 시론에 나도 동의한다.[1] 각성한 로버트는 재화를 파악하기 전까지는 의견을 말하지 않으며, 우리 경제학계 인사들이 재화를 숫자로만 생각하는 경향이 있다고 지적한다. 그는 또한 수치화하는 습관이 역사학에서 역사학자들을 몰아냈으며 특히 인종, 계급, 성별에 대한 비계량적 연구로 옮겨가면서 그러한 경향이 강해졌다고 지적한다. 맞는 말이다. 이제 양측 사이에는 골이 깊으며 서로 관심을 두지 않는다. 로버트는 삼위일체를 다소 오해한 젊은 역사경제학자가 비교적 새로운 관심사인 '계급'을 역사적으로 오래된 관심사인 '민족'으로

1부 · 제안

대체한 예를 들었다. 다른 편에 있는 역사학자들은 페이지 번호 외에는 지능적으로 숫자를 사용하지 않고도 인종, 계급, 성별을 제대로 연구할 수 있다고 믿는다. 예를 들어 미국 노예제 역사에 대해 면화 왕 학파의 스벤 베커트Sven Beckert의 최근 저서나 앨런 올름스테드Alan Olmstead, 폴 로드Paul Rhode의 충격적인 정량적 비평을 보라.[2] 믿어도 좋다. 역사 경제학자들은 계산에 관심을 두지 않을 것이다.

하지만 경제학자와 경제사학자의 극단적이면서도 무지한 발언들을 로버트가 모아서 인용해놓은 것을 보면, 정량적 연구를 하는 사회과학자들이 인문학의 요점을 제대로 이해하지 못하고 있음을 알 수 있다. 한 경제사학자는 로버트에게 "사학자들의 글을 읽을 때마다 '어떻게 숫자 없이 그렇게 말할 수 있는가? 숫자가 있기는 한가?'라고 묻고 싶다"라고 말했다. 경제학 훈련을 받은 학자들을 비롯해 많은 사회과학자는 1883년 켈빈 경Lord Kelvin(본명은 윌리엄 톰슨_옮긴이)이 "숫자로 표현할 수 없는 지식은 적절하지 못하고 만족할 수 없는 것이다. 지식의 초기 단계일 수는 있지만, 당신의 생각으로는 과학의 수준에 거의 도달하지 못한 것이다"라고 말한 바를 믿는다.[3] 아이오와대학교와 시카고대학교의 경제학자 프랭크 나이트Frank Knight는 시카고대학교의 사회과학 건물에 새겨진 모토에 대해 언급했다. "측정할 수 없다면, 어떻게든 측정해내라!" 오늘날 젊은 경제학자들은 켈빈 경의 원칙(과 나이트의 패러디)을 한때 내가 그랬듯 열렬하게 지지한 나머지, '통계적 유의성'이나 1~3점으로 표현된 '행복지수', 겉보기에 믿을 수 없는 가상 모델의 '모수 설정' 등 별 의미 없는 숫자를 수집하는 데 매달린다. 시카고대학교의 또 다른 경제학자 제이컵 바이너Jacob Viner는 켈빈의 발언에 대해 "측정할 수 있는 지식은 적절하지 못하고 만족할 수 없는 것이다"라고 말했다.[4] 모든 개념과 증거를 검토하려는 의지를 지닌 진정한 과학자의 겸허한 태도다.

켈빈은 현대 경제학자들이 t 검정과 1계 조건에 대해 그렇듯 물리학에 대해 오만했다. 원자 에너지를 발견한 날 그는 계산을 통해 다윈의 주장이 잘못되었다고 밝혔다. 화학 반응만으로 다윈이 주장한 수억 년의 진화가 가능할 정도로 태양이 오랫동안 연소하지 않았다고 본 것이다(켈빈은 태양의 나이를 2,000만 년으로 계산했는데, 실제의 230분의 1이다). 문학이나 철학에서 배울 것이 있다는 생각을 비웃는 경제학자들도 같은 신념을 가지고 있다. 우리는 이미 진리에서 전문 분야를 분리해냈으며 다른 분야의 전문성을 가진 사람과 지적 교류를 할 필요가 없다고 믿는다. 로버트가 말한 '믿는 자'들 중 한 사람은 "역사학자들의 저술을 왜 읽어야 하는가? 그들은 모든 것을 거꾸로 행한다. 가격 없이 '공급'과 '수요'를 논하며 선택이 아닌 필요에 대해 말한다"라고 주장했다. 공정한 신이 그들의 어리석은 오만을 벌할 것이다. 나 자신도 스물다섯 살에 그런 오만을 보였다. 알렉산더 거센크론이 대학원생들을 위해 하버드 광장 린든가에서 경제사 워크숍을 열었을 때, 우리는 문 앞에 '데이터를 주면 일을 완성해주겠다'라는 모토를 붙였다. 오, 이런Oy vey ist mir(당혹감이나 분노를 표현하는 이디시어_옮긴이). 아버지, 용서하소서. 죄를 지었나이다.

나도 로버트의 의견에 동감한다. 그리고 한 가지 부연하고자 한다. 인문학적으로 경도된 역사학자와 숫자 및 수학에 경도된 경제학자가 사회에서 일이 일어나는 과정을 공동으로 연구한다면(경제학과 역사학에서는 그런 작업을 수행할 수 있다고 주장한다) 경제학 기반의 인문과학이 필요할 것이다. 바로 휴머노믹스다.

마르크스의 잉여가치에서 더글러스 노스의 제도적 인센티브에 이르기까지 유물론자와 반인문주의자의 경제학으로는 로버트와 대화했던 사람들이 '현대 경제발전의 기적'이라고 적절하게 이름 붙인 바를 설명할 수 없다. 비과학적인 인문주의자가 연구하는 도덕, 수사, 이념, 대인관계의 변화가 현대 세계를 만들었다. 사실이라면 이러한 발견은 과학적으로 중요하다. 빅토리아 시대 여행 작가이자 불가지론자였던 알렉산더 킹레이크Alexander Kinglake는 모든 교회가 문 앞에 '사실이라면 중요함'이라는 커다란 간판을 내걸어야 한다고 제안했다. 마찬가지다. 경제학자가 묻든, 역사학자가 묻든 경제사에서 대풍요와 빈곤 감소가 처음 시작된 이유와 이후로도 지속되고 있는 이유보다 더 중요한 문제는 없다. 풍요가 지속되면서 인류는 조상보다 부유하고 자유로우며 더 큰 번영을 누릴 수 있는 역량을 갖췄다. 유럽 서북부 이외 지역에서, 특히 중국, 인도 등지에서 풍요가 지속되는 것은 전 세계가 풍요를 누릴 수 있음을 보여준다. 의문이 드는 사람이 있다면 유럽이 '인종' 면에서 특별한 위치에 있지 않았다는 점을 기억하라. 자유로운 인간이 상업적으로 검증된 향상을 누릴 때 토머스 맬서스Thomas Malthus의 저주는 힘을 잃는다.

로버트가 지적한 경제학자와 역사학자 간 유치한 전쟁이 적절한 이유가 있다. 사상, 도덕과 수사법, 즉 부분적으로 자유로운 사람들 사이에서 민주적 설득을 하는 과정이 대풍요와 같은 행복한 결말에 지대한 기여를 했다면 그러한 사상, 도덕, 수사학을 사회적 망원경으로 관찰해야 할 것이다. 무역이나 제국주의, 민주주의, 노조, 재산법이 모두 흥미로운 주제이기는 하지만 여기에만 관심을 두는 것은 과학적 연구를 제대로 수행하지 않는 것이다. 사상은 역사의 암흑 물질로, 1890년부터 1980년까지 한 세기 동안 무시되었다. 이 기간에 우리는 모두 역사 유물론자였다. 역사학자들조차 역사 유물론자였으며(예를 들어 1913년 찰스 비어드Charles Beard가 펴낸『미국 헌법의 경제적 해석An Economic Interpretation of the American Constitution』) 경제학자들은 이를 극복하지 못했다. 조엘 모키르Joel Mokyr가 유창하게 주장했듯, 계몽주의 같은 사상이 실질적인 효과를 냈을 가능성을 제기하는 사람이 있으면 경제학자들은 분노한다. '통계적' 유의성이나 전체를 아우르는 유물론과 같이 신중하지 못한 도그마에 대해 개입할 때 상대가 설사 약하게 반박하더라도 분노한 것을 감지할 수 있을 것이다.[5]

사상의 암흑 물질을 감지하고 설명하려면 사상을 인정하는 새로운 경제학이 필요하다. 이러한 경제학에서는 예를 들어 경제를 조성하는 언어를 인정할 것이다. 이와 같이 경제학에서 인문학을 수행하려면 인문학의 방법이 오늘날 수학과 통계학의 방법처럼 과학적 관련성을 가져야 한다. 이는 코스, 거센크론, 하이에크, 앨버트 허시먼, 스탠리 레버갓Stanley Lebergott과 더불어, 모든 증거를 사용하는 아르요 클라머, 피터 뵈케, 바트 윌슨 등 일부 학자들이 수행하는 경제과학의 약속을 실천하는 것이 될 것이다. 이 같은 자유무역 경제과학은 문학적 텍스트를 조사하면서 컴퓨터로 시뮬레이션을 하고, 이야기와 모형 극대값을 함께 분석하고, 철학적으로 명료화하면서 통계적으로 측정하고, 성스러움의 의미를 탐구하면서 세속적인 셈을 수행할 것이다. 인문학과 사회과학 실천자들은 서로를 비웃는 행위를 멈추는 대신 서로의 저작물을 읽고 감수하기 시작할 것이다. 물리학과 생물학의 다른 학자들처럼 과학적 임무를 위해 협력하는 데 관심을 기울일 것이다.

그렇더라도 경제사학자는 "세상에! 새로운 것을 배워야겠군"이라고 생각할 것이다. 해리 트루먼Harry Truman 대통령은 최악의 전문가란 배우는 사람은 곧 전문가가 아니라고 생각해 새로운 것을 배우지 않으려는 사람이라고 말했다. 하지만 훌륭한 과학자가 되기 위해서는 학자가되어야 하고, 마치 박사 시험에 통과한 날처럼 도구변수와 맥스 U의 전문가에 안주해서는 안 된다.

전문가라고 해서 훌륭한 과학자는 아니다. 1891년 발표된 헨리크 입센Henrik Ibsen의 희곡 『헤다 가블레르Hedda Gabler』에서 헤다는 세계 문학에 등장하는 두 명의 경제사학자 중 하나인 테스만 교수와 불행한 결혼 생활을 한다.[6] 헤다는 친구에게 "테스만은 전문가야. 겪어봐야 한다니까! 오로지 문명사에 대한 이야기를 아침, 점심, 저녁으로 하고 나서 중세의 가내공업에 대해 떠든다니까!"라고 말한다.[7]

대학원 교육에서 알 수 있듯 중세의 가내공업 전문가를 넘어서기란 그리 어렵지 않다. 명석한 인문학자는 몇 년 정도 수학과 통계학을 배우면 경제학에서 사용되는 수준을 충분히 따라잡을 수 있다. 명석한 경제학자는 좀 더 어려움이 있겠지만, 몇 년 동안 수사학과 '자세히 읽기close reading'를 배우면 영문학에서의 쓰임새를 이해할 수 있을 것이다. 그러한 학문 간 협력을 방해하는 것은 임무의 난이도가 아니라 비웃는 조롱이다.

그런 협력이 일어난다면 우리는 역사에서 배울 수 있는 완전히 과학적인 경제학을 갖게 될 것이고, 경제학자들은 미국 독립전쟁이 발발한 시기, 잉글랜드가 재산권을 얻은 시기에 대해 명쾌하게 알고 있는 사람들을 다시 고용하거나, 경멸의 표현으로 "꽤 철학적이군"이라는 말을 사용하거나, 인정의 표현으로 "X라고 하는 이론"이라는 말을 사용할 것이다.

경제학이 순진한 반인문주의 신념을 구현하는 한 역사학자와 경제학자는 켈빈이 연구했던 자석처럼, 혹은 피터 나바로가 상상했던 비교역국처럼 서로 밀어낼 것이다. 오만한 무지와 지적인 자급자족에 맞서 상식이 널리 통용되고 사상의 자유로운 교환이 이뤄지기를 기도하자.

결국 듣기 좋은 말이
자유 경제를 지배한다

경제에서 듣기 좋은 말의 역할을, 따라서 인문학의 역할을 진지하게 고려해야 한다는 주장에 대해 앞서 언급했던 종합적이고 정량적인 근거, 구체적인 예에 관해 실증적 데이터를 제시해보겠다. 인문학은 달콤한 말에 대한 이론적으로 엄밀한 말이다.

자유로운 시민 사회에서는 소득의 4분의 1가량이 부르주아적이고 여성적인 설득으로 발생한다. 즉, 지시나 정보가 아닌 설득과 마음의 변화에서 비롯된다. 물리적 강압("돈과 생명 중에서 선택하시오")이나 금전적 인센티브("당신은 해고야!")와 같은 다른 수단으로 행동을 변화시키는 것이 아니다. 자유로운 시민들은 대체로 듣기 좋은 말에 좌우된다.

아마 광고를 떠올리는 사람들도 있겠지만, 광고는 전체에서 일부에 해당할 뿐이다. 광고나 상업적 언론의 자유는 지식인들의 성미를 건드린다. 지식인들은 서민들이 구입하는 천박한 물건을 전혀 좋아하지 않기 때문이다. 그보다는 남극에서 조류를 관찰하는 모험 여행을 하거나 웨스트빌리지의 우아한 피에타테르pied-à-terre(도심의 임시 주거 공간_옮긴이)에 머물거나 휴머노믹스 향상에 대한 멋진 책을 구매하는 편이 나은 것이다. 소스타인 베블런Thorstein Veblen 이래 미국의 지식인은 천박한 싸구려를 사도록 속이는 소수의 광고쟁이 무리에 많은 사람이 휘둘린다고 말해왔다. 그러한 숨겨진 설득의 결과로 콜라와 가스 열판, 자동차를 구입하거나 지식인들이 흔히 쓰는 표현으로 하자면 '효과적인 조작'을 당하는 것이다.

마셜 추종자들과 오스트리아학파에게, 미국인들이 30초 동안 광고에 부여하는 힘은 곤혹스럽다. 광고가 지식인들이 말하는 힘을 가지고 있다면 단순히 글을 쓰는 것만으로도 무한한 부를 축적할 수 있었을 것이다. "토스트했어요(It's toasted. 1910년대부터 사용된 럭키스트라이크 담배의 광고 문구로, 담뱃잎을 말린 것이 아니라 가열가공했다는 뜻_옮긴이)." 하지만 GDP에서 광고가 차지하는 비중은 2퍼센트 미만이며 간판, 웹페이지 초기 화면, 매우 교양 있는 구매자들을 겨냥한 전문 잡지의 광고처럼 상당 부분이 정보를 담고 있고 조작과 무관하다는 점을 부인할 수 없다.[1] 밴스 패커드Vance Packard는 1957년 광고를 공격하는 『숨겨진 설득자들The Hidden Persuaders』을 펴냈을 때 매디슨가의 지인들을 잃게 될까 봐 염려했다. 하지만 지인들은 오히려 기뻐했다. 한 광고 기획자 친구는 그에게 "책이 나오기 전에는 고객에게 광고가 효과를 낸다는 점을 설득하느라 애먹었는데, 이제 고객은 광고를 마술이라고 생각한다네"라고 말했다.

그렇다면 자유 계약이 이뤄지는 사회에서 듣기 좋은 말이 미치는 영향 정도를 어떻게 알 수 있을까? 고용을 구체적으로 분류한 목록에서 각 직업이 설득에 투입하는 시간의 비율을 추정해보자. 예를 들어 『2007년 미국 통계 초록』에서 '직업별 고용(표 602)'에 나열된 약 250개 직업을 살펴보면서 듣기 좋은 말을 많이 하거나 반대로 전혀 하지 않는 직업을 찾아보겠다.[2] 주택 감정을 받아본 미국인이라면 누구나 알듯이, 정직한 경제에서 12만 5,000명의 '감정인 및 평가인'은 설득에 노출된 사람이 아니다. 24만 3,000명의 소방관 역시 거의 말없이 자기 일을 할 뿐이다. 물론 소방관들을 통해 현대 혹은 그 이전 경제에서 듣기 좋은 말의 중요성을 발견할 수도 있을 것이다. 불타는 건물에서 대화가 많이 오가기도 하고 긴급한 설득이 필요한 경우도 있기 때문이다. 12만 1,000명의 항공기 조종사와 엔지니어는 비행기가 출구에 도착해 안전벨트 경고등이 꺼질 때까지 승객들이 벨트를 매고 있도록 설득한다. 이들의 직업에서 차지하는 비중이 미미하긴 하지만 기장의 막대한 관리 역할과 승무원들의 협조를 계속 이끌어내기 위해 필요한 듣기 좋은 말을 생각해보라. 관제탑과 설득력 있게 교신하는 방법에서는 문화적 차이로 인해 재앙이 발생할 수 있음을 고려해야 한다. 서양에서는 직설이 일반적이지만 동양에서는 무례하게 비치는 경우가 많으며 긴급 착륙 허가를 요청할 때 느닷없다는 느낌을 주지 않으려 지나치게 신경 쓰다 사고가 발생한 기록도 있다. 그렇긴 해도 이러한 직업은 설득과 무관한 것으로 분류한다.

149만 1,000명의 건설 근로자는 과거에 영화 〈크라잉 게임〉의 딜과 같은 아름다운 여성이 지나갈 때를 제외하고는 설득의 언어를 구사하지 않는다. 하지만 실제로 건설 현장에서 일해본 사람들은 동료의 협조를 얻고 상급자를 설득하고 정상적인 남성이나 여성이 되는 일이 필요하다는 것을 알 것이다. 듣기 좋은 말을 하지 않으면 현장이 와해되고 만다. 그렇지만 이러한 직업도 설득과 무관한 것으로 분류할 것이다.

2005년에 고용된 1억 4,200만 명의 시민 중(비율은 시간이 지나도 크게 변동이 없으며 우리가 확인하려는 것은 비율이다) 103만 1,000명의 변호사와 판사는 일하는 시간의 100퍼센트를 설득하거나 설득을 준비하거나 설득하는 말을 듣는다고 봐도 좋을 것이다. 마찬가지로, 15만 4,000명의 홍보 전문가와 213만 8,000명에 이르는 상담사, 사회복지사, 성직자 같은 '사회, 오락, 종교 근로자'는 사람들에게 어떻게 살아갈지 설득하는 일을 한다. 의문이 든다면 90퍼센트로 책정하자. 그래도 높은 수치다.

경영자와 다양한 유형의 감독자는 근로소득에서 앞의 사례보다는 낮지만 여전히 높은 75퍼센트를 듣기 좋은 말로 번다고 봐도 좋을 것이다. 자유 사회에서 근로자에게 독단적으로 지시하거나 응하지 않는다고 해서 채찍으로 때릴 수는 없다. 설득해야만 한다. 미국 인구조사국은 카이저 퍼머넌트Kaiser Permanente의 회장 겸 CEO를 지낸 조지 할버슨George Halvorson이나 일리 커피 노스아메리카Illy Coffee North America의 선임 광고기획자였던 대니얼 R. 매클로스키Daniel R. McCloskey 같은

'관리직'이 전 근로자의 10퍼센트인 1,470만 명에 이른다고 밝혔다. 데이비드 로지David Lodge의 소설 『멋진 일Nice Work』에서 영어 강사 로빈 펜로즈는 자신이 '따라다니는' 업무를 맡은 전무이사가 완전히 설득자 유형이라는 것을 깨닫는다. "빅 윌콕스가 부하들에게 교사와 학생의 관계를 고수한다는 생각이 [그녀에게] 때때로 들었다. 그녀는 윌콕스가 상대방이 공장 운영을 새로운 방식으로 바라보도록 가르치고 달래고 설득하는 것을 알 수 있었다. 윌콕스의 솜씨가 얼마나 좋았던지, 때로는 그 모든 행동이 이익을 내려는 동기에서 출발했다는 점을 상기하며 경외감을 억눌러야만 했다."[3] (이익이라는 동기에 대한 경멸은 저자가 아닌 등장인물의 입장이다. 그것은 문학인들이 제인 오스틴Jane Austen 유형이라고 부르는 '자유 간접 문체'로 그려졌다.)

'일선의 감독자' 550만 명은 (건설, 대인 서비스, 도박 등) 모든 분야에 걸쳐 존재하며, 설득이 소득에서 차지하는 비중이 75퍼센트로 추정된다. 대학 재학 시절 여름 방학 때 고속도로 건설 현장에서 일한 적이 있어, 미주리의 숙련된 감독 글렌이 아스팔트 고르는 작업을 제대로 하기 위해 듣기 좋거나 때로는 괴로운 대화를 어떻게 이어갔는지 잘 알고 있다. 38만 명의 개인 자산관리사와 15만 명의 편집인, (고작) 8만 9,000명의 뉴스 분석가, 기자, 통신원도 있다. 2005년 이후 폭발적으로 증가한, 듣기 좋은 말로 관심을 끌기 위해 노력하는 (때로 금전적 보상도 받는) 블로거나 기타 자영업 형태의 언론인들은 수치에 포함되지 않았다. 기자들은 객관성이라는 고귀한 꿈을 좇으며 대부분 자신이 '사실 보도'를 한다고 생각한다. 하지만 수사학 교육 같은 것을 받지 않더라도 기자들이 설득력 있게 사실을 선택하고 듣기 좋은 말로 보도해 관심을 끌고자 한다는 것을 알 수 있다. 마찬가지로, 영업직 부문의 많은 인력(1,340만 명이며, 310만 명의 출납원은 제외한 수치다)도 고려해야 한다. 물론 도난 방지 임무를 맡은 직원들도 있지만 듣기 좋은 말을 75퍼센트로 책정하면 적절할 것이다. "손님을 위한 드레스네요." 이러한 말이 사실일 수도 있다. 경험에 비추어보면 대체로 사실이다. 17세기 유럽에서 수사학에 대한 기이한 의구심이 생기면서 도덕적 행동을 높이 사는 사회에서 우리는 영업원들이 거짓말하는 정도를 과장한다(협상하는 경제에서는 그렇지 않다).

설득이 50퍼센트인 사람에는 대출 상담원과 임원이 있다(42만 9,000명. 법정에서 판사와 마찬가지로 그들은 감언이설을 듣고 정보를 모은 뒤 예 또는 아니요로 대답하는, 설득 대상인 전문적인 청자다). 인사, 교육, 노무 관계자(66만 명. "배빗 씨, 애크미에서 미래가 밝지 않다고 생각되는군요." 영화 〈인 디 에어Up In The Air〉에서 조지 클루니가 맡았던 해고 전문가를 떠올려보라), 작가와 저자(17만 8,000명에 불과하지만 블로거, 출판하지 않고 글을 쓰는 저술가 집단 등에 수만 명이 있다. 국민계정에 반영되는 임금을 받지 않지만, 올바른 국민계정체계라면 이들의 값비싼 만족감을 포함할 것이다), 손해사정사 및 조사관(30만 3,000명)도 있다. 그리고 대학 교수(120만 명)와 보육교사 등이 속한 매우 큰 범주, 무려 811만 4,000명에 달하는 교육, 훈련, 사서직 직종이 있다. "존스 양, 학기 말 과제를 표절하지 마세요." "얌전하게 굴어라, 조니."

131만 3,000명의 경찰과 보안관, 탐정, 범죄 조사관, 교도관, 민간 탐정이 기울이는 노력의 4분의 1은 설득과 관련될 것이다(내가 대화한 사람들의 수치는 더 높았다). 2014년 미주리주 퍼거슨에서 경찰의 설득력은 하룻밤 사이 달라졌다.

　의료 분야의 경우 이 분야 종사자는 알겠지만 듣기 좋은 말이 중요한 역할을 한다. 환자를 돌보고 혈압약을 챙겨 먹게 만들고 다른 간병인과 잘 지내게 하고 보험사, 병원 관리자(일부는 관리 분야에 포함)를 상대해야 한다. '의료 종사자 및 기술직'이라는 대규모 범주에는 X레이 기술자, 의료기술 기술자 등이 포함되며, 침묵 속에서 일하는 것은 아니지만 이들은 설득의 영역에서 제외해도 좋을 것이다. 안과 기술자는 "좋습니다. 고개를 약간만 돌리세요. 좋아요, 파란색 점을 보시고요. 좋습니다. 그대로 계세요"라고 말한다. 듣기 좋은 말이다. 의사, 치과 의사, 간호사, 언어장애치료사 등 실제로 환자나 다른 의료인과 대화를 하는 인구는 총 760만 명이며, 설득이 경제 가치에서 차지하는 비중을 4분의 1로 추정할 수 있다. 심리 실험을 해보자. 내가 잘 알고 있는 언어장애치료사를 떠올려보겠다. 윈스턴 처칠Winston Churchill, 마거릿 드래블Margaret Drabble, 매릴린 먼로Marilyn Monroe, 조 바이든이 말을 더듬었음을 상기시키며 아이가 말더듬이인 것을 부끄러워할 필요가 없다는 정보를 전달할 때 설득 기술을 발휘하지 않는다면 어떨까? 듣기 좋은 말을 하지 않는다면 그 치료자의 가치가 얼마나 낮아질지 생각해보라. 35만 3,000명의 준법률가와 법률 사무소 직원도 4분의 1 범주에 든다. 4분의 1도 꽤 낮은 수치로 보인다.

　우체부, 버스 기사 또는 '생명, 자연, 사회과학 직업(설득을 수행하는 경제학자, 법대 교수도 다수 포함)' 같은 비설득 범주를 더 뒤지지 않더라도 위에서 언급한 직업에 해당하는 실효 근로자는 3,610만 명이다. 즉, 90 퍼센트의 설득자에 0.9를, 75퍼센트 설득자에 0.75를, 50퍼센트 설득자에 0.5를, 4분의 1 설득자에 0.25를 곱하고 모두 더한 수치다. 2007년의 경우(2005년 범주를 적용) 미국에서 소득이 있는 직원의 4분의 1에 달한다. 여기에 달러 소득의 가중치를 적용하면 경영자와 감독자의 수가 많다는 점에서 수치는 더 커진다(1억 4,200만 명의 근로자 가운데 약 2,000만 명이다). 경영자들은 설득 대상인 직원들보다 임금이 훨씬 더 높다.

다시 말해 근로소득의 4분의 1이 듣기 좋은 말에서 발생한다는 것은 하한값이다. 1988년과 1992년에 다소 다른 범주를 활용해 유사한 계산을 해보면 비슷한 결과가 도출된다.[4] 놀랍게도 경제에서 듣기 좋은 말의 비중은 그동안 크게 오르지 않은 것으로 보인다. 경찰과 의료 근로자를 50퍼센트 범주에, 교육자를 75퍼센트 범주에 넣으면(1988년/1992년 계산시 가정) 2005년에 설득 작업의 비중은 전체의 28.4퍼센트로 소폭 상승한다. 오스트레일리아의 경제학자 제리 안티오크Gerry Antioch는 미국에 대해 다시 계산해, 2009년 기준 30퍼센트라고 밝혔다.[5]

• • •

더 많은 사실과 경제적 세부 사항을 반영하면 더 나은 계산 결과를 얻을 수 있다. 휴머노믹스에서 결실을 얻을 수 있는 100가지 다른 과학적 프로젝트 가운데 이러한 계산은 박사 논문 주제로도 아주 좋다. 예

1부 · 제안

를 들어, 앞서 말했듯 근로자들은 임금으로 가중치를 반영하는 것이다. 직업 범주를 세분화할 수도 있다. 설득의 한계생산물을 보다 자세하게 고려해 비설득 작업과 비교해서 설득에 대한 보상을 면밀하게 검토할 수 있다. 더 나은 설득에 주어지는 프리미엄은 영업 수수료나 승진으로 추산할 수 있다. 세부적인 직업 범주에 따른 추정치를 뒷받침하는 한 가지 방법은 심도 있는 인터뷰를 수행해 각 직업의 듣기 좋은 말을 조사하고 단순한 강제나 신체 활동, 정보 전달과 분리하는 것이다. 경찰차에 타서 듣고 지켜볼 수도 있고, 경영자를 따라다니며 관찰할 수도 있다. 1930년대 경제학에서 로널드 코스는 이러한 작업을 통해 거래비용을 발견했으며, 소설에서 로빈 펜로즈는 1980년대에 경영 관련 가르침을 발견했다.

설득과 달리 강제는 오늘날 선진국에서 18세기와 비교해 찾아보기 어렵다. 물론 세금 강제는 훨씬 많아졌다. 국세청에 특별 예외를 적용해 달라고 설득해보라. 노예나 농업의 다른 고용인들은 신체적으로 노동을 강요당했다. 하지만 1800년에 대부분 자유 시민으로 묘사된 자작농이나 농장 일꾼은 많은 강압을 당하거나 감독을 받지 않았다. 1905년경 로버트 프로스트Robert Frost가 지은 시 「일꾼의 죽음Death of the Hired Man」에서 사일러스는 건초를 자신이 원하는 방식으로 능숙하게 싣는다. "그는 목장에 도랑 파는 일을 도우려고 왔다 / 그는 계획이 있으니 비웃으면 안 된다." 강요와 자율 사이에서 오래 이어진 균형이 어떻게 변화했는지 명확히 알기란 어렵다. 하지만 현대 국가의 거대한 관료제 내에서, 또한 자유 국가와 심지어 자유도가 낮은 국가에서 세금을 기업에 자발적 납부가 아닌 강제로 징수해 때때로 재정을 충당하는 경우에도 듣기 좋은 말이 큰 역할을 하며 지시와 강제는 찰리 채플린 Charlie Chaplin의 〈모던타임스Modern Times〉에 나오는 장면처럼 빈번하게 일어나지 않는다.

모든 것을 감안할 때 듣기 좋은 말이 국가소득에서 차지하는 비중이 대풍요 이전에는 지금보다 낮았을 것이다. 1800년에는 경영자가 데이비드 로지 교사와 같을 필요가 없었다. 독재자처럼 굴 수도 있었다. 바운티호의 윌리엄 블라이William Bligh 선장이(선원들은 반란을 일으킨 데 대한 변명으로 블라이를 '바운티호의 나쁜 자식'이라고 부른다) 적절한 사례다(그가 저지른 잘못은 타히티에서 머무르려는 선원들의 바람을 원칙을 깨고 그대로 둔 것으로 보인다). 선장은 상선이자 왕의 선박을 이끌고 있었기 때문에 풍력 9의 돌풍이 부는 상황에서 곶을 돌아가거나 트라팔가르곶에서 모두가 자기 임무를 수행해야 하는 상황에서 즉각적인 복종을 요구해야만 했다. 군대나 군대 방식으로 운영되는 사업에서 위기를 만날 때도 마찬가지다. 성 베네딕도 수도 규칙서에서는 즉각적이고 자존심을 굽히는 복종을 요구한다. 신을 숭배하는 대신 스스로를 높이는 오만은 성령을 거스르는 중대한 죄다. 과거에는 듣기 좋은 말에 좌우되는 직업이 많지 않았다. 앞으로는 그 숫자가 더 증가할 것이며 물건을 AI 자동화로 만들면서 기회비용이 더 낮아질 것이다. 미래의 천국과 같은 도시에서는 사람들이 하는 일이란 그저 무슨 작업을 할지 맥주나 하프를 사이에 놓고 동료 천사들과 다정하게 의논하는 일일 것이다.

결과를 다른 측정 결과와 비교할 수 있다. 더글러스 노스와 존 월리스John Wallis는 미국 국민소득의 50퍼센트가 코스의 거래비용에 해당한다고 예상했으며, 여기에는 설득의 비용이 포함된다. 협상하고 계약을 강제하는 데 드는 지출(월리스-노스는 거래비용으로 정의)은 1870년 국민소득의 4분의 1에서 1970년에는 2분의 1 이상으로 증가했다.[6] 이러한 측정이 여기에서 논하려는 바와 정확하게 일치하는 것은 아니다. 예를 들어 거래비용에는 경찰, 간수 등이 제공하는 '보호 서비스'가 포함되며 일부 소득은 부적절하게 확대되고 때로는 물리적 강압이 존재하는 '대화'다(나는 듣기 좋은 말을 제외하고 남은 부분의 4분의 3이라고 추정한다). 일반적으로 대화는 특별한 의미가 있다. 총, 자물쇠, 벽과 달리 저렴하며, 나머지 거래비용과 분석적으로 구분할 수 있는 방식으로 일어난다. "현자에게는 말만으로도 충분하다"라는 말이 있다. 듣기 좋은 말은 신중하게 선택해야 하지만, 설득하는 말에 기회비용이 없는 경우가 많다.

국민계정의 또 다른 측면인 생산 측면에서도 이러한 주장을 할 수 있다. 생산에서 명백하게 대화가 더 많이 발생하는 활동이 전체에서 차지하는 비중이 높으며 그중 상당수는 정보나 명령이 아닌 설득이다. 미국의 2004년 GDP 11조 7,340억 달러에서 부가가치를 50개 정도의 산업으로 나누고 각 범주에서 듣기 좋은 말로 생산된 비중을 추정해볼 수 있다. 예를 들어 '기업 경영'은 80퍼센트, '부동산 임대'는 20퍼센트, '예술 및 엔터테인먼트'는 40퍼센트다. GDP에서 차지하는 비중은 17퍼센트가량으로, 근로소득의 25퍼센트와 부합하는 결과가 나온다. 설득은 큰 역할을 하는 것이다.[7]

화이트칼라에 해당하는 미국 근로자 절반이 모두 생계를 위해 듣기 좋은 말을 하는 건 아니다. 하지만 많은 사람이 듣기 좋은 말을 하며, 사무실 근무가 점점 더 신체 활동과 거리가 멀어질수록 그러한 경향이 강해진다. 워드 프로세서를 쓰는 시대에 사무실 근무는 초기에 '필경사 바틀비' 또는 높은 의자에 앉은 밥 크래칫Bob Cratchit의 사무실에서 변화하는 것은 물론이고 여성이 물리적인 타자, 파일 정리, 복사를 하는 상황에서 멀어지고 있다. 따라서 온종일 사람들과 대화하는 웨이트리스 등의 핑크칼라와 마찬가지로 서로 설득하는 창고업자 등의 여러 블루칼라 일자리에도 듣기 좋은 말을 적용해야 한다. 데브라 긴즈버그Debra Ginsberg는 2000년 회고록『기다림: 웨이트리스의 진짜 고백 Waiting: The True Confessions of a Waitress』에서 고객과 마주치는 첫 1분의 교감이 팁을 결정짓는 작은 무대와 같다고 묘사했다.

'단순히' 대화가 아니다. 대화를 나누는 사람들의 상당수가 설득하는 사람들이다. 기업 관료 체계에서 문서를 관리하는 비서는 종종 듣기 좋은 말을 해야 하며 은근한 위협을 담는 경우도 있다. 듣기 좋은 말이든 아니든 대화를 활용해 조직의 공식적인 제도를 우회하지 못한다면 자기 일을 하고 있는 것이 아니다. 화이트칼라 인력의 상당 부분을 차지하는 관료와 전문가는 상인이 아니지만 기업 안팎에서 상인들과 같은 설득 작업을 수행한다.

2012년 대니얼 핑크Daniel Pink가 미국의 근로자 7,000명을 대상으로 조사한 내용도 이러한 결과를 보여준다.『파는 것이 인간이다: 누구나 세일즈하는 시대, 당신도 지금 무언가를 팔고 있다To Sell Is Human:

The Surprising Truth about Moving Others』에서 그는 판매 행위가 없는 비영업 직에서 "다양한 전문가가 매시간 24분가량을 타인의 마음을 움직이는 데 사용한다"라고 밝혔다.[8] 그는 "당신의 직업에서는 상대방이 가치 있게 여기는 것을 포기하는 대신, 당신이 가진 것을 취하도록 설득하는 일이 업무에서 차지하는 비중이 얼마인가?"라고 물었으며, 41퍼센트라는 답을 얻었다. "파는 능력은 상업의 자비 없는 세계에서 부자연스럽게 적응하는 과정에서 얻어진 역량이 아니다. 파는 일은 근본적으로 인간적이다."[9] 인간은 언제나 수렵·채집을 위해 다음에 어디를 갈지 결정 내리거나 올리브오일이 가득한 암포라(고대 그리스에서 사용한 몸통이 불룩한 모양의 긴 항아리_옮긴이)를 얻기 위해 어떤 항구를 찾아갈지 결정했다. 매슈 아널드Matthew Arnold는 포르투갈 해변에 도착한 고대 그리스의 상인이 "돛을 펴고 / 구름 낀 절벽에서 포말을 헤치고 상륙한다 / 수줍은 상인들, 어두운 이베리아인들이 다가온다 / 묶었던 짐을 해변에 풀어놓는다"라고 상상했다.

선장, 대학 교무처장, 군대 장군과 같이 중앙 관료 집단의 협의할 줄 모르는 독재자들에게만 결정권이 있는 것은 아니다. 자유로운 사회에서는 농경사회 이전에 수렵·채집 활동을 하던 오랜 기간에도, 제조·서비스업을 하는 오늘날에도 듣기 좋은 말이 지배한다.

그러므로 루트비히 라흐만처럼
두 발로 걸어야 한다

휴머노믹스는 경제학자들이 두 발로 걷는 것이 나으리라 제안한다. 물론 1930년대 이후 라이어널 로빈스, 폴 새뮤얼슨, 밀턴 프리드먼, 리처드 립시, 마이클 젠슨, 게리 베커, 조지 스티글러에 의해 교조적으로 돌진해온 행동주의자, 실증주의자, 비언어적인 정량적 '발'을 이용해 계속 앞을 향해 걸어가야 한다. 하지만 이와 동시에 1770년대 이후 애덤 스미스, 존 스튜어트 밀John Stuart Mill, 필립 윅스티드, 루트비히 폰 미제스, 조지프 슘페터Joseph Schumpeter, 존 메이너드 케인스, 프랭크 나이트, 프리드리히 하이에크, 케네스 볼딩Kenneth Boulding, 조지 섀클, 앨버트 허시먼, 밥 하일브로너, 제임스 뷰캐넌James Buchanan, 이즈리얼 커즈너, 카렌 본, 돈 라부아, 피터 뵈케, 대니얼 클라인, 버질 스토르, 아르요 클라머, 바트 윌슨, 버넌 스미스, 잭 아마리글리오Jack Amariglio, 루트비히 라흐만이 마련한 인문주의적, 인지적, 수사적, 도덕적, 해석적, 정성적 '발'로도 걸어 나가야 한다.[1]

인문주의 목록에서 오스트리아 경제학자와 동료 순례자들의 중요성은 독자들의 눈에도 띄었을 것이다. 여기에서는 그동안 내가 암시해왔던 점을 분명하게 설명해 오스트리아학파와 신제도주의자들이(두 집단이 완벽하게 일치하지는 않는다) 인문주의를 진지하게 고찰하도록 설득하고자 한다. 이미 오스트리아 학자들은 모호한 태도로나마 인문주의에 관심을 기울이고 있다.

물론 나도 알고 있다. 오스트리아 경제학을 잘 알지 못하고 새뮤얼슨을 추종하는 정통파 경제학자라면 하품을 하면서 책을 덮으려 할 것이다. 대학원을 졸업하고 수십 년 동안 나 역시 그랬다. 오스트리아 경제학에는 『미국경제리뷰American Economic Review』에 실을 만한 수학적 요소가 충분하지 않다고 생각할 것이다. 맞는 말일 수도 있겠지만 원칙 없이 출세를 지향하는 것과 달리 제대로 경제학을 연구하고자 한다면 뵈케, 커즈너, 하이에크나 미제스의 저서를 독파하는 것이 좋다. 도널드 부드로의 블로그 '카페 하이에크Café Hayek'를 구독하고 〈피스 투 더 AERPeace to the AER〉을 경청해보라(나는 조지프 스티글리츠가 AER 에디터일 때 편집위원으로 일한 적이 있으나 존재를 이론화하고 의미 없는 유의성 테스트를 하는 음울한 분위기를 견디지 못해 그만두었다). 하지만 경제를 진지하게 고찰하고 진리를 추구한다면 어떤 길이라도 가보는 것이 좋지 않을까?

시도할 만한 좋은 예가 루트비히 라흐만(1906~1990)이다. 그는 독일 역사학파 경제학자인 베르너 좀바르트Werner Sombart의 마지막 제자이자 오스트리아 경제학자 루트비히 폰 미제스의 초기 제자 중 하나다. 라흐만은 경제학에서 인문학의 의미와 온전한 휴머노믹스를 주장하기에 완벽한 인물이 아니지만, "진리의 진정한 특성, 인간 존재의 궁극적인 토대, 선과 미의 보편적인 기준은 과학자가 아닌 철학자의 영역이다. 이러한 이유로 경제학자는 가치판단을 삼가야 한다"라는 인습적인 포고를 내릴 수 있는 사람이다.[2] 꽤 군색한 주장이며 독일어가 모국어인 사람이 학문Wissenschaft과는 다른 의미로 현대 영어에서 과학의 정의를 사용한 것도 이상한 일이다. 하지만 다른 면에서 라흐만은 이전의 오스트리아인들과 비교해도 괜찮은 인문주의자다. 라흐만을 비롯한 대부분의 사람이 중부 유럽의 김나지움에서 수학했다. 그러한 인문주의 교육이 라흐만에게 큰 영향을 준 것으로 보인다.

나는 경제학에서 죄수의 딜레마, 공유지의 비극, 인센티브가 중요하다는 경영대학원의 확신 등 비유와 역사를 설명하고 비판하는 데 인문주의 기법이 중요한 학문적 위상을 지닌다고 주장해왔다.[3] 결국 우리가 이해하려는 대상은 쥐나 컴퓨터 프로그램이 아닌 인간이며 라흐만은 이 점을 분명하게 이해했다. 라흐만은 경제학계의 여러 오스트리아인과 마찬가지로(신제도주의자와 1930년대 이후 다른 대다수 경제학자와 달리) 인간과 인간의 의미를 대담하게 직면하고 제도와 같은 외부 요인과 구분해 '내부' 문제에 관심을 기울였다. 그는 행동주의라는 한 발로 고통스럽게 뛰다가 넘어지는 우를 범하지 않았다.[4] 물론 여러 오스트리아 경제학자처럼 라흐만도 행동주의로 달성할 수 있는 바를 과소평가했을 수 있다. 하지만 적어도 그는 자신에게 두 발이 있음을 알고 있었다.

물론 정통 새뮤얼슨 학파는 '취향은 논쟁거리가 아니다De gustibus non est disputandum'라고 대꾸할 것이다. 경제학자는 철학자의 영역인 가치판단을 삼가야 할 것이다. 고등학교 화학 시간에 들었을 법한 과학적 방법에 따르면 수단에만 집중할 일이지 목적에 대해 논의를 해서는 안 된다. 그렇지 않은가?

아니다. 내가 이전에도 문제를 제기한 적이 있는데, 라흐만의 서툰 표현에서 경제학자가 가치판단을 삼가야 한다고 주장한 것은 사실이 아니다. 오히려 반대로, 사회과학이 이름에 걸맞은 역할을 하고 두 다리로 걷기 위해서는 취향과 목적에 대해 논쟁을 벌여야 한다. 인터뷰에서 라흐만은 "저명한 논문 「취향은 논쟁거리가 아니다De Gustibus Non Est Disputandum」(AER, 1977년 3월)와 같은 시카고대학교의 최근 저작물을 읽으면서 경제학자들이 행동과 반응의 차이를 이해하지 못한다는 인상을 받았다. 세상에는 우발적 행동이라는 것도 있다"라고 밝혔다.[5] 행동은 목적과 가치판단에 대한 것이다. 실증주의는 인간 행동의 자유 의지가 아닌 반응에 대한 것이다. 예산선, 게임의 규칙에 대한 반응에서 희망이나 애정, 용기, 자유 의지는 없다.

물론 실증주의는 경제학에서 과학적 사례를 다루는 여러 수사학 장치로서 훌륭하다. 근본적이고 배타적인 도그마가 될 때 문제가 있다는 것이다. 모든 덕목이 마찬가지다. 절제와 애정이 없는 정의는 잔혹하다. 용기가 없다면 희망은 있으나 마나다.[6] 따라서 국민소득 통계로 마법을 부리면서도 기업가 정신, 금융, 소비 개척(부유한 남성들의 즐길 거리였던 자전거, 자동차, 심지어 해양 크루즈가 대중의 도구와 소비 대상이 되었다), 상업적으로 검증된 일반적인 향상에서 인간의 우발적 행동이 중요하다고 믿을 수 있는 것이다. 선택에 이유는 없으며 철학적 이유란 더더욱 없다. 휴머노믹스를 통해 마침내 실증주의의 종말에 대한 소식이 경제계에 날아들었다(나는 1980년대와 1990년대에 '겐트에서 엑스로 좋은 소식을 전하려' 애썼으나 실패했다['겐트에서 엑스로 좋은 소식을 전한 방법'은 로버트 브라우닝의 시 제목_옮긴이]).

심리학계에서 행동주의는 1930년대에 개가 초인종 소리에 반응하는 행동, 쥐가 사료에 보이는 반응을 녹화할 수 있게 되면서 활발한 성숙 단계에 이르렀다. 그러다 경제학자들이 쥐와 비둘기에 대한 행동주의적 실험을 수행하기 시작하기 조금 전에 느닷없이 인지성 심장마비로 사망하고 말았다.[7] 경제 분야 실험자들은 예산선에 대한 관찰 가능한 반응을 확인해 피험 동물이 합리적임을 입증하는 것이 경제학에서 '합리적'이라는 단어의 정의를 기이하고 비인간적으로 만든다는 것을 깨닫지 못했다. 차라리 옥스퍼드대학교 철학과의 '일상 언어' 철학(길버트 라일Gilbert Ryle과 J. L. 오스틴J. L. Austin은 '일상 언어'를 철학의 광산으로 활용했다)에서 인문학적 힌트를 얻어 '합리성'의 적절한 의미가 무엇인지 묻는 편이 나을 것이다. 합리성은 행동과 반응의 차이를 구분하고 세상에는 우발적인 행동도 있음을 인정하는 것이다. 비일상적 언어로 현시 선호의 약공리(소비점 A가 B보다 직접 현시 선호가 되었다면, B를 구매했던 어떠한 상황에서도 A를 구매할 수 없어야 하는 성질_옮긴이)를 충족함을 의미하는

1부 · 제안

것이 아니다. 대신 '인간적으로 합리성'을 발휘해 주장과 자유 의지에 반응함을 뜻하며 쥐, 비둘기, 컴퓨터 프로그램에 적용하는 것은 그러한 합리성을 최대한 축소할 때나 가능하다.

1930년대 행동주의에서 영감을 얻은 행동경제학(전국적 규모로 시장을 뒤흔들 만한 실증적인 발견사항이 있었는지?)은 라흐만의 시장과 대조적으로 개별적 행동에 주목할 때 인간에 대한 최적의 연구를 수행할 수 있다는 개념을 부활시키려 시도했다. 행동주의는 인간의 머릿속에서 어떤 일이 일어나는지 우리가 알지 못한다고 가정하면서 우리 자신이 인간의 사고 내에 들어가 있지 않으며, 인간의 사유가 담긴 4,000년 동안의 기록에서 배울 것이 없고 오로지 인간이 확률론에 무능력함을 드러내는 까다로운 유추 질문을 제기해 외부에서 인간의 행동을 '예측'할 뿐이라고 주장한다. 신경경제학의 '자연주의자'도 유사하다. 생각이 곧 뇌라고 주장하는데, 그 가설에 대한 증거가 없다. 17세기 후반 앤드루 마벌Andrew Marvell이 발표한 「정원The Garden」에 답이 담겨 있다.

> 마음은 모든 종류가
> 각자의 닮은꼴을 발견하게 되는 큰 바다.
> 나아가 이 모두를 초월해
> 전혀 다른 세계와 다른 바다를 창조한다.
> 이미 만들어진 모든 것을
> 초록빛 그늘에 깃든 초록빛 사상에 소멸시키네.

라흐만과 같은 오스트리아 학자들은 이러한 시의 의미를 이해한다 (라흐만과 돈 라부아 같은 라흐만의 제자들이 해석학과 수사학의 아이디어를 사용함으로써 카고컬트 과학에서 멀어졌다는 이유로 '허무주의자'라고 공격한 머리 로스바드 같은 오스트리아인들과는 다르다). 라흐만은 "물질 환경의 제약에서 오는 개념과 상상력의 자유"가 의식을 특징짓는다는 철학자의 발언도 이해했을 것이다. 이 모두를 초월해 창조하는 것을 라흐만은 우발적 행동이라고 불렀다. 철학자는 말을 이어간다. "기계론적 시각에서 인과관계는 [제약하에서 맥스 U에 반응하는 것과 같이] 아무런 생각이 없는 힘에 지나지 않는다. 따라서 외견상 실체가 없는 자유 의지나 최종 목적 등이 발휘하는 인과적인 힘은 큰 문제를 일으킨다."[8] 전적으로 동의한다. 기계 속의 유령, 뇌 속의 혼이 움직임을 만드는 것이다.

● ● ●

막스 베버Max Weber는 라흐만의 영웅 중 하나였다. 라흐만이 1971년에 발표한 소책자 『막스 베버의 유산The Legacy of Max Weber』에는 베버의 반행동주의 방법이 반복적으로 나온다. 1907년 「스카트 게임의 패러다임The Paradigm of the Skat Game」이라는 논문에서 베버는 당시 법철학자 루돌프 슈탐러Rudolf Stammler가 사용한 노스의 표현 '게임의 규칙'에 지배되는 사회에 대한 비유를 공격했다. 라흐만은 "제도는 많은 행위자에게 방향을 찾는 수단을 제공한다. 공통의 이정표에 대한 방향을 정함으로써 행동을 조정할 수 있게 해준다"라고 밝혔다.[9] 제도는 방향을 결정하는 게임 규칙이 아니라 표지판으로서 신호등과 같이 항상 해석을 해야만 한다. 따라서 우리의 의복, 언어도 제도이며 경제학자들이 말하는 가격 '신호' 역시 마찬가지다. 기계적으로 결과가 나오지는 않는다.

라흐만은 슈탐러에 대한 베버의 공격(만약 노스를 알았더라면 그에 대해서도 공격했을지 모른다)을 "그러한 기준은 구체적인 결과를 정하지 못한다"라고 요약했다.[10] 체스의 규칙은 해결책을 암시하지 않는다. 반면 틱택토tic-tac-toe에서는 일반적인 합리성을 가정하면 가능하다. 라흐만은 베버가 변호사 교육을 받았다는 점에 주목해 법률 변화에 대해 베버를 인용했다. 그는 "진정으로 결정적인 요소는 언제나 행위의 새로운 방식으로서 기존 법의 의미를 변화시키거나 새로운 법을 만드는 결과를 낳는다"라고 기록했다.[11] 이는 신제도주의에 존재하는 여러 취약점 중 하나로, 법의 변화에 대한 분명한 이론이 없는 상태에서 변화 가능성이 닫혀 있다고 가정한다. 여러 중요한 사안 가운데 법은 완결된 상태가 아니며 틱택토가 아니다. 이러한 이유에서 항소법원이 존재하는 것이다. 통상조항이나 수정헌법 제1조, 1964년 민권법 제7조에 대한 미국 대법원의 법리가 어떻게 변화했는지 살펴보라. 이를 틱택토나 투입과 산출로 축소하지 않도록 논의 방법을 마련해야 한다.

베버에 대한 저서에서 라흐만은 자신의 스승인 카를 멩거Karl Menger가 제도의 경제적 '욕구 이론'(노스의 기능주의)을 주장한 것을 비판한다(『국민경제학의 기본원리Grundsätze der Volkswirtschaftslehre』, 1871). 라흐만은 "이 이론의 취약성은 적절한 제도를 통해 충족될 수 있는 욕구와 그렇지 못한 욕구를 구분하는 기준을 제공하지 않는다는 데 있다"라고 지적

했다.[12]

재러드 루빈Jared Rubin이 이슬람 세계가 경제적 성장을 이루지 못한 이유에 대해 펴낸 탁월한 최근작에서도 드물게 문제가 발견된다. 루빈은 경제성장에 대한 욕구가 적절한 경제 제도에서 충족되지 못한 이유를 설명하지 못한다.[13] 신제도주의의 삼단논법은 제도가 (단순히 물질적) 인센티브라는 것이다. (경제적) 인센티브를 따르면 소득이 증가한다. 따라서 제도는 현대에서 경제성장을 일으켰다. 제도가 일정 수준의 경제성장을 일으킬 만한 양적 매력 요인이 있는지 따지기에 앞서 성장에 대한 예상이 제도를 변화시키지 않은 이유에 대해 답을 주지 않는다. 제도가 인센티브를 주는 경우도 있지만, 때로 반응을 이끌어내는 이유는 무엇인가? 존 핸콕John Hancock이 교수형을 무릅쓰고 대담하게 〈독립선언서〉에 서명한 일처럼, 인간이 인센티브에 배치되는 행동을 자주 하는 이유는 무엇인가? 결말은 정해져 있지 않다.

라흐만은 주장을 이어간다. "사회적 행위에 대한 베버의 접근은 구조-기능 이론과는 매우 다르다. 베버는 행위자가 자신의 행위를 이끌어낸 것으로 여기는 의미에 관심을 두었다. 대다수 사회 제도 이론은 행위에서 이러한 측면을 무시한다."[14] 행동주의가 그러한 예다. 하지만 멩거조차 사회에서 실체가 사회에 생명을 불어넣는 것으로 여겼으며, 모두 인간성에 대한 가치에 좌우된다고 생각했다. 사회 구조에 대한 함축적인 글을 남긴 철학자 존 설John Searle과 같이 멩거는 의미가 사회적 합의에서 발생한다고 보았던 것이다.[15] 발언, 언어 게임, 도덕 모두 그 결과를 예측하기가 극도로 어렵다. 루빈의 저서에서 종교와 정치의 유럽식 동맹인 왕권신수설과 유사하지만 반경제적 의미를 지녔던 이슬람 동맹(예를 들면 1744년 와하비 이슬람과 사우드 가문 간의 거래)과 구분하지 못한 문제가 여기에 있다. 제도가 경제성장의 원인이라면 경제학자가 그러한 제도를 설계하거나 해체하는 일이 쉬울 것이다. 다시 말하지만, 경제학자들이 그토록 똑똑하다면 부자가 되었을 것이다. 겸양을 찾는 것이 적절해 보이는 이유다.

1950년에 경제학자 제이컵 바이너는 다음과 같이 말했다.

사실 진정한 배움에서 위대한 부분은 부정적인 지식의 형태를 취하는데, 아직 정복당하지 않은 무지의 범위와 깊이를 점점 더 알아가는 것이다. 오직 자신이나 타인의 무지를 인식하는 방법으로만 그러한 무지가 없는 상태가 안전한 때를 알 수 있다는 것이 학문이 지닌 주요 덕목의 하나다. 무지한 배움은 전혀 그렇지 않지만, 무지함을 배우는 것은 많은 경우 칭찬할 만하다.[16]

옳은 말이다.

다시 말해, 경제학에는 행동주의를 넘어 인간의 생각에 대한 이론이 필요하다

그러므로 멈춰 서서 생각할 때다. 반응하는 과학적이고 기계적인 물질주의가 인간 세계를 지배한다고 생각하기를 멈추고 인간, 우발적 행동, 신학자들이 자유 의지라고 부르는 바에 대해 인정할 때다. 수학과 통계를 포기하거나 경제적으로 말이 되는 부분을 폐기하지 않고 경제학에 인문학을 받아들일 때다.

물리학자들이 엔리코 페르미(1901~1954)에 대해 기이하게 여겼던 점은 그가 한편으로 수학, 정성화, 범주화, 인문적 이론화를, 또 한편으로 시뮬레이션, 정량화, 사실 기반, 실제 실험을 모두 수행한 데다 서로 다른 접근에 대해 노벨상 수준에 이르렀다는 것이다. 예를 들어 페르미를 포함한 물리학자 모임에서 격의 없이 대화하던 중 우주 어딘가에 발전된 문명이 있을지 논의하게 되었다. 다른 사람들이 대화를 이어가는 가운데 페르미는 몇 분 동안 침묵에 빠져들었다. 머릿속으로 훗날 '드레이크 방정식'으로 발전하는 계산을 하고 있었던 것이다. 존재 가능한 문명의 숫자를 매우 구체적으로 추정해낸 그가 침묵을 깨고 질문을 던졌다. "그런데 그 외계인들은 어디에 있는 거지?" 거주 가능한 행성에 대한 대략적인 추정을 토대로 도출된 숫자만큼 문명들이 존재한다면 빅뱅 이후 많은 문명이 매우 앞선 기술을 발전시킬 만한 충분한 시간이 있었을 것이다. 그렇다면 이미 우리를 찾아와 대화했을 것이다. 그는 외계에 우리만 존재하는 것이 아니라는 추정에 문제가 있다고 생각했다. 페르미의 질문에 그 자리에 있던 헝가리 물리학자 레오 실라르드Leo Szilard가 위트 있는 답을 했다(페르미가 보여준 이론 및 실증적 깊이를 무색하게 하지는 못했다). "엔리코, 외계인들은 이미 우리에게 말을 걸고 있다네. 그들을 에드워드 텔러Edward Teller, 유진 폴 위그너Eugene Paul Wigner, 실라르드 같은 '헝가리인'이라고 부르지 않나."[1]

숫자의 가치를 여기에서 알 수 있다. 예를 들어 1800년 이후 유럽에서 1인당 실질소득이 30배 증가했음을 파악한다면 '자본주의'가 빈곤하게 만든다거나 '결함'투성이라고 비난하려는 충동을 억제할 수 있을 것이다. 그래도 사회주의자나 규제 담당자가 될 수는 있겠지만, 빈곤화와 결함을 내세우는 대안적 허위 사실과 가짜 과학을 고집하는 대신 다른 방법으로 주장을 강화해야 한다. 우리에게는 숫자와 말이 모두 필요하다. 페르미 스타일로.

．．．

이번에는 경제학의 불완전성을 보여주는 보다 구체적인 예를 들어보겠다. 라흐만이 의견을 보탤 만한 예다. 내 경우에는 이 시리즈의 다른 저서 『경제학에서 실증주의, 행동주의, 신제도주의를 넘어』에서 더 자세히 다룰 계획이다. 일부 경제학자들은 제도가 단순히 노스주의에서 말하는 '제약'뿐 아니라 인간의 의미와 관련되어 있음을 알고 있다. 오스트리아학파와 옛 제도주의자들은 탈출에 능한 후디니처럼 더글러스 노스, 게리 베커, 디팍 랄Deepak Lal, 애브너 그리프Avner Greif, 스티븐 레빗Steven Levitt, 맥스 U 등이 열정적으로 입었던 구속복을 용케 피했다. 라흐만은 "어떤 초개인적 사고 체계, 즉 제도는 최고의 사고 체계와 계획이 지향하는 바여야 하며, 따라서 개인의 계획을 조정하는 데 어느 정도 영향을 미친다"라고 말했다.[2] 오스트리아학파에 따르면 경제의 미래는 결국 사고에 불과하다. 따라서 관습법의 법정은 예의, 법정 관리원, 법률서로 뒷받침되는 사고 체계이며 개별적인 계획을 조정한다. 언어 역시 윤리, 사회적 인정, 대화에 내포된 암시로 뒷받침되는 사고 체계이며 개별적인 계획을 조정한다. 이러한 언어 게임은 실증주의자들의 표현을 빌리자면 효용함수보다 관찰 가능성이 훨씬 높다. 그저 인간의 발언에 귀를 기울일 일이다. 실제로, 1870년대 경제 이론화의 주관주의적 전환은 경제가 개인의 생각에 대한 표현 문제임을 암시했다고 라흐만은 단언했다. 이러한 표현이란 "나는 생각한다. 그러므로 존재한다"와 같은 유아론적 발언이 아니라, 다른 사람에게 자신의 계획을 들

86

기 좋은 말로 전달하는 것이다.

물론 최대한 침묵하는 것도 하나의 덕목이다. 인간이 이익을 추구하는 것, 앞서 지적했듯 쥐가 치즈를 찾는 것, 풀잎이 빛을 찾는 것 역시 마찬가지다. 라흐만, 그리고 새로운 미국계 오스트리아 경제학자들이 1973~1987년에 뉴욕을 찾았던 라흐만에게 영감을 받아 이해한 바는 절제가 중요하며 입구와 출구를 파악하는 비결이긴 하지만, 그러한 의미가 인간의 삶에 전달되는 것은 비절제적인 덕목, 그러한 덕목을 발휘하고 논의하는 언어를 통해서라는 것이다.

결국 자제와 용기, 사랑, 정의, 희망, 신념은 모두 덕목에 해당하며 그러한 덕목이 인간을 규정한다. 지금까지 여러 번 강조했으나, 절제는 모든 형태의 생명, 바이러스에 이르는 유사 생명을 특징짓지만 비절제 덕목은 인간, 인간의 언어, 구성된 의미의 독특한 특징을 드러낸다(코끼리가 죽은 코끼리를 애도하고 침팬지가 다른 침팬지와 달리 포도를 얻지 못한 것에 분개하는 경우는 제외한다).

인간은 죽음에 대해 인지하고 그에 비추어 말하고 행동한다. 불멸의 신은 그럴 필요성을 느끼지 못한다. 불멸의 존재는 용기, 희망, 절제가 필요 없으며 사랑이나 정의, 믿음을 원할 이유도 없다. 그리스 신화에는 도덕관념이 없는 신들의 특징이 정확하게 반영되어 있다. 다른 생명체를 봐도 신중한 풀잎이 '용기를 발휘'한다거나 신중한 쥐가 '신의 있게 행동하는' 것은 말이 되지 않는다(영화 〈라따뚜이〉는 예외다. 이 영화에서 유머러스한 모순은 영웅적인 쥐가 많은 인간보다 더 충직하고 이해타산에 좌우되는 정도도 덜하다는 것이다). 1725년 새뮤얼 버틀러Samuel Butler 주교는 "많은 사람이 모든 특별한 애정에 대해서는 변명하기를 좋아하면서 인생 전체가 [사려 깊은] 자기애의 지속일 뿐인 것처럼 말한다"라고 비판했다.[3] 최근에 세상을 떠난 게리 베커와 비교해보라.

또 다른 위인 휘호 더 호로트Hugo de Groot(휴고 그로티우스)는 1625년 "모든 피조물이 자연적으로 자신의 사적 이익을 추구하므로 보편적으로 표현된다는 말을 인정해서는 안 된다. [인간이라는 동물은] 자연으로부터 특별한 도구를 받았는데, 바로 말하는 것이다. 언어 외에 이해하고 일반적인 원칙에 따라 행동하는 능력도 가지고 있다(이번에도 미제스와 라흐만의 표현을 상기하자면 '인간 행동'이다). 이 능력에 관련된 요소가 모든 동물에 공통된 것은 아니지만, 인류에게 주어졌다는 것은 적절하고 특별히 인정할 만하다."[4] 이 대목에서도 인간의 자기애는 차치하고 언어, 의미, 일반적 원칙에 따라 행동하는 특성에 별다른 애정을 보이지 않을 노스 및 그의 추종자들과 대조된다. 제약과 게임의 규칙에 관한 행동주의자들의 상투적 표현은 노스가 라흐만, 클리퍼드 기어츠Clifford Geertz, 막스 베버, 애덤 스미스, 토마스 아퀴나스St. Thomas Aquinas, 마르쿠스 키케로Marcus Cicero, 공자孔子, 모세, (노스나 모세의) 어머니로부터 배웠을 만한, 인간의 언어로 표현되는 사회적 규칙에는 인간적 의미가 담겨 있다는 점을 간과한다. 라흐만은 이런 요소가 제약일 뿐 아니라 수단이고, 장애물이면서도 즐길 거리이며, 정신병원의 규칙만큼이나 공동체의 규칙이라고 말한다.[5]

예를 들어 신호등과 같이 사소한 제도를 통해 인센티브가 제공되고 개별적인 계획이 조정된다는 점을 보라. 신호가 빨간불로 바뀌면 끽 소리를 내고 멈춰 설 만한 물질적인 인센티브가 생긴다. 한편으로는, 교차로의 다른 길에 초록불이 들어오므로 규칙은 자기 강제적 성격을 갖는다. (뉴욕시 택시 운전사에 관한 농담을 소개하자면, 이 운전사는 빨간불이 들어올 때마다 최고 속도로 운전을 하다가도 초록불이 들어오면 매번 멈춰 섰다. 겁에 질린 승객이 이유를 묻자 "오늘 동생도 운전 중인데 그 녀석은 항상 빨간불을 어긴답니다!"라고 답했다.) 다른 한편으로는 경찰이 지켜보고 있거나 자동 카메라가 번호판을 촬영하고 있을 가능성이 있다. 빨간불은 울타리이자 제약이며 게임 혹은 정신병원의 규칙이다. 여기까지는 노스나 대다수 새뮤얼슨 학파 경제학자의 주장에 일리가 있다.

하지만 음식 인센티브로 절제만을 실험하는 실험실 쥐보다 큰 존재인 인간에게는 빨간불이 의미가 있다. 무엇보다 빨간불은 운전자에 대한 국가의 지배를 뜻한다. 빨간불은 문명의 존재를 보여주며, 문명에 수반되어 국가에 부여되지만 끊임없이 이의가 제기되는 타당성 문제를 드러낸다. (길이 없는 정글을 헤치고 나가는 중에 신호등을 마주쳤다고 생각해보라. "문명을 만났군.") 또한 규제의 기계적인 수단이 부상함을 보여준다. 남아프리카 공화국에서 경력의 대부분을 쌓은 라흐만은 아프리카어로 신호등이 엔로봇'n robot임을 알았을 것이다. 콘크리트 받침대에서 흰 장갑을 끼고 서 있는 교통 경찰관에 대조적인 개념이다.

라흐만의 세계에서 빨간불은 인간 행동의 조정에 영향을 미치는 사고 체계다. 하지만 인간에게 의미를 지니기도 하며, 그러한 의미는 삶의 경제적이나 정치적 부분에 무척 중요하다. 신호등은 국가에 대한 태도나 로봇 같은 기계적 발명 혹은 교통경찰에 대한 태도에 따라 어떤 운전자에게는 안심되게 하고 어떤 운전자에게는 짜증을 유발한다.

책임감 있는 시민이나 아이오와 시민 또는 파시스트 순응주의자에게 초록불이나 빨간불은 규칙 준수를 뜻한다. 새벽 3시에 모든 방향에 차가 없더라도 초록불이 켜지기만을 기다릴 것이다. 심지어 바쁜 상황에서도, 교차로에 번호판을 촬영하는 카메라나 경찰이 없어도, 무책임하게 운전할 것이 분명한 동생이 주행 중인 상황이어도 마찬가지다. 하지만 원칙을 고수하는 사회 저항 세력이나 보스턴 시민, 실제 소시오패스에게 신호등은 자율성에 대한 도전이며 국가가 배후에 있는 모욕이다. 이번에도 인센티브는 무시당한다. 가령 깨진 유리창 정책이 지나치게 빈번하게 적용된다면 잠재적 범죄자, 심지어 평화를 사랑하는 시민들의 분노를 유발할 수 있다. 그 결과, 더 많은 범죄가 벌어지거나 적어도 경찰에 대한 악감정이 확산될 것이다. 이미 그런 사례들이 있었다.

이 글을 쓴 뒤 1961년 미국의 사회학자 어빙 고프먼Erving Goffman이 신호등에 대한 동일한 주장을 한 것을 발견했다. 당연한 일이다. 행동은 단순히 행동에 그치지 않는다. 그 행동에 관련된 사람들이 처한 상황에서는 의미를 지닌다. "우리는 말 속에 살며 / 그 말은 우리의 꿈이며 / 그 꿈은 우리의 삶이다"라는 아우슬렌더의 말을 기억하라.

• • •

그렇다면 분류의 인문학적 작업이 완료된 후 과학적 궤도에 머무를 방법은 무엇인가?[6] 실증주의 방식에서 사용되는 측정을 더하면 된다.

경제와 같이 규모를 다루는 학문에는 인문주의 이론화와 더불어 정량적 측정이 필요하다. 이를 통해 의미와 내용이 부여된다. 칸트는 "내용이 없는 사고는 공허하며 개념이 없는 직관은 맹목적이다"라고 지적하면서, "따라서 생각의 개념을 합리적으로 만드는, 즉 직관에 대상을 더하는 것이 필요하듯 직관을 이해할 수 있게 만들어 개념화하는 것이 필요하다. 오성은 직관하지 못하고 감성은 사유하지 못한다. 두 기능의 연합된 작용으로만 인식이 생겨날 수 있다"라고 밝혔다.[7]

인문학적 이해를 잊어서는 안 된다. 베버의 이해verstehen는 인간의 신체가 행하는 행동의 바깥에서 바라보는 것과 대비되며, 인간의 영혼으로부터 바라보는 것이다. 가령 라흐만과 다른 오스트리아 경제학자들은 기업인의 인간성을 적극적으로 인정했다. 라흐만은 자본의 총계를 측정할 수 없다면서 "서로 다른 경영자의 생각을 구성하는 서로 다른 요소들이 자본 조합의 특정한 구성으로 나타나기 때문"이라고 지적했다.[8] 결국에는 생각으로 귀결된다. 다른 시론에서 그는 "각 소유자의 투자 시설 관련 판단은 미래에 대한 주관적 기대에 달려 있다"라고 지적했다.[9] 그는 '생각의 행위'라고 표현했다. 인간의 마음속에서 투자는 이익이 가장 많이 나는 것에서 가장 적은 순으로 정렬되어 있으며, 마지막으로 실행된 투자의 기회비용이 관찰 가능한 가격을 결정한다. 이는 비오스트리아학파 버전에서 생산함수와 편미분으로 표현되는 한계주의다. 물론 소유자마다 기대치가 다르며, 이는 남에게 팔려는 의지에서 확연히 드러난다. 그는 "사회를 형성하고 구성하는 선택과 해석에 깃든 생각의 행위에서 관심을 돌리면 안 된다"라고 강조했다.[10] 동일한 시론

후반부에서는 신리카도주의자들이 "양심의 가책을 가지고" 이 해석에 대한 아이디어를 받아들이며 "신고전학파는(사실은 새뮤얼슨주의자) 이를 완전히 무시해야만 한다. 공식적인 장치(즉, 새뮤얼슨이 생산함수의 은유로 제시한 일상적인 청사진)는 인간 사고의 해석적 행위에 대해 여지를 제시하지 않는다"라고 설명했다.[11] 그는 오스트리아 신고전학파를 비켜간 1900년 신고전주의 통합 추종자들 사이에 대해 "이들에게 개인은 특정 취향의 소유자로서의 역량으로만 관심을 끌 뿐이며 면밀하게 살피고 경험을 소화하는 역량, 지식을 얻고 확산시키는 역량은 중요하지 않다"고 적었다. 자본재에 대해 서로 다른 주관적 가치를 부여하는 것도 마찬가지다.[12]

1960년대 심리학 분야에서 불완전하게나마 인간의 생각에 대한 이론을 세웠듯, 이는 경제학에 필요한 요소다. (이후 심리학자들은 관심을 돌려 신경학의 행동주의 버전으로 돌아갔다. 명쾌한 기제에 이끌리는 유혹은 이기기 어렵다.) 라흐만은 우리를 그러한 길로, 제대로 된 휴머노믹스로 인도할 수 있다. 인간의 생각에 대한 이론은 현대 경제학과 더불어 맥스 U 및 유물론 경제학에서만 영향을 받는 법학부터 사회학에 이르는 기타 사회과학 분야를 확장한다(아울러 의문을 제기하기도 한다).

BETTERING HUMANOMICS
: A NEW, AND OLD, APPROACH TO ECONOMIC SCIENCE

— 2부 **킬러 앱** —

대풍요가 윤리학과 수사학의 산물이라는 증거가 바로 휴머노믹스의 킬러 앱이다

2004년 샌디에이고에서 열린 전미경제학회 연례회의에서 나는 무척 실험적인 발언을 했다. 그때는 휴머노믹스라고 불러야 한다는 사실도 미처 깨닫지 못한 상태였다. 상업적으로 입증된 발전에 대한 진지한 윤리적 고찰을 역사와 경제적으로 풀어내려는 시도였다. 질의응답 시간에 허버트 긴티스가 일어서더니 온화한 말투로 "디드러, 무슨 말을 하려는지 알겠는데, 킬러 앱(기존 사고방식이나 시장 등을 재편하는 강력한 힘을 지닌 혁신적 제품이나 서비스_옮긴이), 그러니까 인문학이 중요하다는 것이 드러나도록 어떤 중요한 경제적 사건을 설명해보는 것이 필요한 것 같군"이라고 말했다.

허브, 조언 감사하고, 킬러 앱 여기 있으니, 증거가 더 필요하다면 내가 부르주아 시대에 대해 쓴 3부작을 찾아보거나 최소한 구매하기를.

• • •

1800년 이후 지금까지 지구의 평범한 사람들은 실질 기준으로 대략 10배, 산술적으로 정확하게는 900퍼센트가량 풍요로워졌다. 여기에서는 아주 대략적인 숫자를 다루는 만큼 1,000퍼센트라고 하겠다. 1,000 퍼센트와 차이가 크다는 지적이 있을지 몰라 부연하자면 10에서 기준 1을 뺀 다음 기준 1로 나누면 9가 나온다. 여기에 100을 곱해 퍼센트로 표현하면 900이 된다. 벨기에에서 보츠와나까지, 여기에 중국에서 인도까지 점점 더 많은 곳에서 부르주아 계약—"1막에서 내가 창조적 파괴를 통해 이윤을 얻게 해주면, 3막이 되면 내가 당신들 모두를 부자로 만들어주겠다"—에 합의한 상황에서 전통적인 기준으로 계산하면 30배에 달하며 유리, 자동차, 의약품, 고등교육 등 상품과 서비스의 질적 개선까지 고려한다면 100배에 이른다. 즉, 처음에는 유럽 북서부에서 시작되었으나 세계로 확산된 경제적 자유와 사회적 존엄을 평범한 사람들이 누릴 수 있고 고대의 위계질서가 무너지며 근대의 규제가 사라지면서 3,000퍼센트에서 1만 퍼센트에 달하는 발전이 일어난 것이다.

역사를 연구한 사회학자 잭 골드스톤Jack Goldstone이 표현한 대로 그리스의 영광이나 중국 송나라 시대의 융성기를 지칭하는 '개화efflorescence'는 1인당 실질소득을 두 배 내지 기껏해야 세 배 정도 늘렸을 것이다. 100퍼센트나 200퍼센트 성장은 1800년대 이후의 3,000퍼센트와 크게 비교된다. 영국의 고전학자 이언 모리스Ian Morris는 고고학적으로 가옥의 규모를 조사해 기원전 750년에서 기원전 350년까지 그리스에서 1인당 소득이 5~6배 증가한 것으로 추정했으며, 프랑스의 고전학자 알랭 브레송Alain Bresson도 이에 동조했다.[1] 모리스에 따르면 이러한 풍요를 누릴 수 있었던 주원인은 밀·기름·와인 경제가 발전하고 해상 무역으로 경제 범위가 확대되었기 때문이다. 다만, 브레송은 5~6배나 증가했는지에 대해서는 의문을 제기했다. 그러나 5~6배라 하더라도 감탄할 만하긴 하지만, 두 세기에 걸친 대풍요 때 진행된 3,000 내지 1만 퍼센트의 성장에 비하면 400년 동안 400~500퍼센트 성장에 지나지 않는다.

우리가 근대 사회과학사에서 다뤄야 할 주제는 산업 혁명이 아니라 인류 역사에서 일어난 어떤 변화와 비교해서도 아예 자릿수가 한두 개 더 많은 수준으로 진행된 대풍요다. 계량적, 과학적, 사회적, 경제적 연구를 진지하게 진행한다면 1800년 이전에 여러 세기 동안 유럽인의 실질소득이 두 배 혹은 세 배 증가했는지 따지거나 석탄 혹은 철 무역의 확대를 논하는 데 천착하지 않을 것이다. 그 대신 유럽이 1700년경까지 그렇게 특별한 지역이 아니었다는 비교역사학의 교훈을 진지하게 받아들여야 한다. 농업 발명 이후 최대 규모의 사회경제적 변화가 송나라와 콰트로첸토Quattrocento(15세기 이탈리아의 문예부흥기_옮긴이)의 발전이나 산업 혁명이 아니라, 지금 이 시대의 대풍요라는 사실을 설명해야 한다.

이러한 시도에서 저자는 질적, 양적 증거를 활용해 어마어마한(하지만 중요한 질문을 다루기에는 합당한) 분량의 3부작을 펴냈는데, 자본 축적이나 계급 착취, 무역 확대나 계급투쟁에 주목하지 않는다. 여기에는 두 가지 이유가 있다. 하나는 역사적 이유이고 또 하나는 경제적 이유다. (독자가 둘 중 하나라도 즉각적으로 동의하리라고는 기대하지 않는다. 예시를 들기 위한 차원에서 목록을 나열한 것이니 수집된 모든 증거를 직접 살펴보기 바란다. 여기에서는 관련된 사안을 소개하고자 언급한 것이다.)

역사적 측면에서 보면 자본축적도, 착취도, 무역도, 투쟁도 근대 초만의 특별한 특징이 아니었다. 중세 유럽 농노의 보잘것없는 파종 대비 수확 비율을 고려하면, 이들은 18세기의 어떤 부르주아보다 많이 저축했다.[2] 고대 지중해를 비롯한 노예 사회에서는 평화기에 1인당 실질 소득이 두 배 증가하는 일이 가능했으나, 모리스가 제시한 5~6배라는 과장된 수치를 인정하더라도 1800년 이후 유럽 북서부에서 나타난 3,000퍼센트 성장에 비견할 수는 없다. 무역이 성장 동력이라는 주장에 대해서는 최근까지 최대 규모의 해상 무역은 대서양이 아닌 인도양을 통해 일어났으며 무역 참가자들 사이에 대풍요 조짐이 없었다는 점을 기억해야 한다. 계급투쟁에 대해서도 노동조합주의와 근로자를 우대하는 규제는 대풍요 이후 효과를 발휘했을 뿐 그 전에는 그런 효과가 없었다. 이상이 세계 역사에 대한 설명이다.

경제적 측면에서 보면 자본축적은 (말 그대로) 수십 년 안에 고갈된다. 1936년 케인스가 지적했듯, 혁신이 일어나지 않는 상태에서 저축률은 "한두 세대 안에 자본에서 희소 가치를" 빼앗는다.[3] 노예나 근로자를 착취하는 것은 마르크스의 설명대로 자본축적을 더하는 결과를 낳을 뿐이며, 마찬가지로 수확체감의 법칙을 피해갈 수 없다. 예를 들어 잉여가치에서 설명되지 않는 거대한 혁신이 없는 상태에서 영국 근로자의 착취만으로는 피착취자마저 부유하게 만든 대풍요를 설명할 길이 없다. 우파의 단골 메뉴인 무역을 통한 이익이 발생한다면 좋은 일이지만 하버거의 삼각형에서 보듯 1만 퍼센트의 성장, 아니 3,000퍼센트나 1,000퍼센트 성장과 비교하면 그 규모가 작다. 좌파가 주장하는 정부 규제를 살펴보면 상업적으로 입증된 개선으로 얻는 이익을 줄이는 역할을 하므로 30배 성장을 설명하기 어렵다. 또한 노조는 환자와 아파트 임차인에게서 의사와 배관공에게 소득을 이전시키듯 주로 서민 계층 어느 한 편의 소득을 다른 한 편으로 이전시킨다. 이상이 근대 경제학에 대한 설명이다.

그렇다면 어떤 요인으로 설명할 수 있을까?

대풍요는 물질이 아닌 혁신적인 부르주아를 비롯한 평범한 사람들에게 주어진 새로운 자유와 존엄성으로 설명할 수 있다. 한마디로 사회, 경제, 정치적 자유주의를 향한 최초의 평범한 움직임으로, 애덤 스미스가 말한 "천부적 자유권의 분명하고도 단순한 계획"이다.[4] 잡화점 도제 벤저민 프랭클린Benjamin Franklin, 가발 상인 리처드 아크라이트 Richard Arkwright, 소년 전신 기사 토머스 에디슨Thomas Edison 같은 평범한 사람들에게 상업에서 자신의 아이디어를 검증받아 성공할 기회를 제공했다. 사회를 부유하게 만든 것은 부차적이고 종속적인 자본이나 제도가 아니었다. 인간 평등이라는 분명한 아이디어였다. 이 아이디어는 연설, 서신, 문학에서 드러났으며 인문학의 연구 대상이다. 따라서

2부 · 킬러 앱

대풍요를 이해하는 데 관련성이 높은 도구다. 최초의 증기기관과 대학이 아닌 경제와 사회에 대한 평등주의적 아이디어가 현대 사회를 만들었다.

정치철학자 미카 라바크맨티Mika LaVaque-Manty는 찰스 테일러Charles Taylor와 피터 버거Peter Berger를 인용해 다음과 같이 기록했다(그는 이 주제에 대해 존 로크John Locke부터 볼테르Voltaire, 메리 울스턴크래프트Mary Wollstonecraft, 알렉시 드 토크빌Alexis de Tocqueville, 해나 아렌트Hannah Arendt, 존 롤스John Rawls에 이르기까지 대다수 유럽 저자를 인용할 수도 있었다).

> 서양 정치 역사에 따르면 현대성에서 개인의 정치적 지위가 결정되는 토대로 동등한 존엄성이 지위에 따른 명예를 대체했다. 이제는 단지 인간으로 태어났다는 이유만으로 주어진 존엄성 덕분에 국가 앞에 시민으로 설 수 있으며 타인에게 존중을 요구할 수도 있다. 이전에는 정치적 지위가 나의 출신(좋은 가문 출신은 더 존중받고 낮은 계층 출신은 덜 존중받았다)과 얼마나 출신에 맞게 처신하느냐에 좌우되었다. 대략적인 틀에서 볼 때 정확한 이야기다.[5]

1948년 제정된 이탈리아 헌법 제3조(훗날 헌법은 많은 부분 개정되었으나 제3조는 예외다)가 전형적인 예다. "모든 시민은 동등한 사회적 존엄성을 가지고 법 앞에 평등하며 성별, 인종, 언어, 종교, 정치적 의견, 개인과 사회적 위치에 따라 차별받지 않는다."[6]

라바크맨티는 "하지만 문제를 복잡하게 만드는 중요한 사안이 있다"

고 지적한다. 한 가지 문제는 유럽인들이 새로운 가치를 주장하는 데 낡은 기존의 가치를 활용했다는 것이다. 인간이 으레 저지르는 문제다. 그는 "귀족적 사회 관습과 가치 자체가 현대성의 기반을 형성하는 데 이용되었다"라고 밝힌다. 현대 초기에 에런 버Aaron Burr와 알렉산더 해밀턴Alexander Hamilton처럼 귀족 이외 계층이 칼이나 총으로 결투하던 기이한 평등주의가 나타난 것이 좋은 예라고 주장한다.[7] 마찬가지로 1877년 입센이 발표한 『사회의 기둥들Pillars of Society』에 등장하는 상인은 (고결한) 바이킹 조상을 언급해 거래를 성사시킨다. "성사되었네, 베르니크! 스칸디나비아인의 말은 바위처럼 움직이지 않는다는 것을 알게!"[8] 미국의 기업가라면 이 같은 확신을 드러내는 데 카우보이 신화를 언급할 것이다. 마찬가지로 기독교의 사회 관습과 가치도 현대성의 기반을 형성하는 데 이용되었다. 신 앞에서 아브라함의 개인주의를 확대하고 사회적 복음, 가톨릭의 사회 교육을 강조하며 구호에 대한 종교적 원칙에서 사회주의를, 청지기로서의 책무라는 종교적 원칙에서 환경보호주의를 이끌어냈다. 유럽에서 (이슬람 세계를 모방한) 중세 대학의 지적 관행과 가치, 17세기 왕족 사회, 1810년 이후 홈볼트식 현대적 대학은 지적 계층 구조의 전통적 원칙에 기반을 두었다. 하지만 이런 것들은 이제 아무 논쟁자나 존중해주는 데 이용된다. 블로그 세상을 보라.

(잠시 동안) 유럽에서는 모든 자유인이 누리는 개인적 자유에 대한 독특한 사상이 발전했고, 이는 놀랍게도 노예, 여성, 청년, 성적 소수자, 장애인, 이민자에게까지 오랜 기간에 걸쳐(일부 보수주의자에게는 고통의 지속이다) 확대되었다. 이는 훨씬 오래된, 도시마다 부여되던 부르주아

의 자유가 일반화된 것이다. 원칙은 당신이 스스로를 위해 정당하게 주장할 수 있는 모든 권리를 다른 모든 사람에게도 부여하는 것이다. 이는 18세기 말에도 많은 사람이 누리지 못하던 원칙이었다. 오늘날에는 이러한 원칙이 보편적이며, 적어도 공포되어 있다. 그러한 보편성은 일반인의 권익을 신장시켜 대중이 자신이 고안한 아이디어를 상업적으로 검증하고 향상할 수 있게 되었다. 더글러스 노스, 존 월리스, 배리 와인개스트Barry Weingast는 『폭력과 사회 질서Violence and Social Orders』(2009)에서 그들이 '제한적 접근'이라고 부르던 상태에서 '공개적 접근' 사회로 전환되는 양상을 해석했다. 이러한 전환은 노퍽 공公의 개인적 권력이 톰, 딕, 해리엇의 비개인적 권력으로 이동하면서 일어난 것이다. 이것의 다른 이름은 '자유주의'이다. 마그나 카르타가 모든 남작을 위한 것이고, 헌장이 도시의 모든 완전한 시민을 위한 것이며, 마침내 '모든 인간이 평등하게 태어난다'에 이르게 되었음을 기억해보라.

18세기 이후 자유사상처럼, 이러한 원칙의 변화가 더 일찍 발생했거나 세계 다른 지역에서 일어나 지속될 수도 있었다. 하지만 그런 일은 일어나지 않았다. 페리클레스 시대에 아테네는 영구적으로 존속될 것으로 상상되었으며 아테네 제국은 (해상) 폭력을 독점하는 모습을 보였다. 모두가 법의 보호를 받았지만 문제를 일으키는 노예, 여성, 동맹국, 이민자는 예외였다. 페리클레스Pericles는 추도 연설에서 아테네인들에게 말했다. "몇몇 사람이 통치의 책임을 맡는 게 아니라 여러 사람이 나누어 맡으므로 민주주의라고 부릅니다. (중략) 개인적 다툼이 있으면 모두[자유로운 남성 시민]에게 평범한 법으로 해결하고 (중략) 가난하다고 해서 제약을 받지 않으며 [자유로운] 사람은 암흑 같은 상황에서도 조국에 기여할 수 있습니다."[9]

민주주의는 법 앞에 평등하며 페리클레스, 알렉시 드 토크빌에 이어 내가 더 보태자면 평등한 존엄성을 보장한다. 예를 들어 토크빌은 1830년대 미국 자유주의에서 사회적으로 지위가 높은 사람들에 대한 존중 부재를 주목했다. 앨피드 레켄드리스Alfeed Reckendrees는 자유주의가 바이마르 공화국을 특징지었으나 도덕이 없어 실패했다고 지적했다. 물질이 아닌 사상이 중요하다. 아테네 민주주의도 마찬가지인데, 투키디데스Thucydides의 표현대로 "[정의와 같은] 도덕적 단어가 의미를 상실"했을 때 무너졌다. 토크빌은 폭도의 지배를 우려했는데, 이러한 상황은 이민을 반대하는 포퓰리즘에서 부활했다.[10]

'자본주의'의 역사에 대한 최근 공동 저작에서 편집인 중 한 명인 래리 닐Larry Neal은 자본주의를 1) 사유재산권, 2) 제3자가 강제할 수 있는 계약, 3) 가격이 반응을 보이는 시장, 4) 정부 지원이라고 신제도주의식으로 정의한다.[11] 그는 1)~3)의 조건이 거의 모든 인간 사회에 적용되었음을 모르는 것 같다. 콜럼버스가 신대륙을 발견하기 전 마야의 시장, 원주민의 교역 모임, 10세기 아이슬란드의 국회와 기원전 12세기 이스라엘 지도자('사사士師')가 그러한 예다. 이 점에서 '자본주의'는 '부상하지' 않았다.

네 번째 조건인 '정부 지원'이 바로 자유방임과 사회적 존엄성, 서서히 실현된 자유주의로 향하는, 북서 유럽 고유의 원칙적 변화다. 자유와 존엄성의 결과로 부상한 것은 거래 그 자체가 아니라 대중이 성공을 시도할 수 있는, 상업적으로 검증된 향상이었다. 모든 인간이 평등한 자유와 존엄성을 가진다는 사상은 비록 불완전하게 실현되고 오늘날까지도 진행되고 있지만, 물질적 진보에 이어 정신적 진보를 야기하고 보호했다. 유럽 등지에서 중요한 것은 평민들 사이에서 확대되던 부르주아를 위한 새로운 경제적 자유와 사회적 존엄성이었다. 이는 1700년 이후 잉글랜드, 특히 1800년 이후에는 보다 광범위한 규모로 장려되어 대대적으로 향상되었으며, 점점 더 자유화된 거래를 통해 새로운 방법들이 발견되고 검증되었다.

그리하여 인문학적 연구의 킬러 앱이 탄생한 것이다. 허브는 아직 내게 만족했는지 여부를 말해주지 않았다.

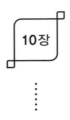

자유주의의 존엄성이 해내다

　보편적 존엄성이라는 아이디어, 즉 모든 사람을 사회적으로 존중한다는 자유주의 사상으로서 소설과 희곡을 통해 표현되고 정치 철학, 정치 선언의 성격을 지닌 이 아이디어는 자유와 결합되자 사람들이 새로운 거래를 수행하고 이를 위한 경제적 자유를 보호하는 데 필요충분 조건이 되었다.

　1945년까지 유럽계 유대인이 당한 고통은 이를 반증하는 사례다. 점차 자유를 찾은 이들은 17세기 네덜란드에서, 18세기 영국에서, 이후 독일에서 성공 기반을 닦았다. 법적으로 보면 1900년 아일랜드에서 오스트리아 제국에 이르기까지 유대인은 모든 직업에 진출할 수 있었고 혁신적인 아이디어를 발현하는 일이 가능했다. 하지만 유럽 여러 지역에서 자유를 보호하는 존엄성은 전혀 누릴 수 없었다. 존엄성은 사회적으로 향상을 이끄는 나머지 한 축의 역할을 했다. 해나 아렌트는 "유대인의 정치, 경제, 법적 평등이라는 문제에서 사회는 그 어떤 계급에서도 유대인에게 사회적 평등을 보장할 준비가 되어 있지 않음을 꽤 분명히 했다. 정치적으로나 시민으로서 왕따가 되지 않을 때마다 사회적으로는 외톨이가 되었다"라고 지적했다.[1] 벤저민 디즈레일리Benjamin Disraeli는 1868년 영국 총리가 되었고, 루이스 해리스Lewis W. Harris는 1876년 더블린 시장이 되었으며, 1916년 루이스 브랜다이스Louis Brandeis는 미국 대법관이 되었다. 하지만 1933년 이후 독일에서는 유대인을 의사나 교수직에서 축출하는 데 동료들이 저항한 사례가 거의 없다. 유대인은 비하되었다. 상당수 기독교 국가에서(미국, 영국, 덴마크, 불가리아의 경우 일부 예외) 유대인은 정치·사회적으로 왕따를 당했다.

물론 모든 일반인에게 자유와 존엄성은 양면성을 지닌 정치·사회적 이상이다. 역사에서는 비열한 일화와 부자연스러운 구석을 찾을 수 있다. 부르주아가 모험을 감행하는 자유는 근로자가 자유를 누리게 된 시기와 일치하는데, 당시 근로자에게는 투표권이 주어졌으며 사회주의 지식인들이 연호하던 성장을 저해하는 규제책이 도입되었다. 근로자의 존엄성은 성공한 기업인과 파시스트 지식인들이 환호를 보내던 불로소득 생활자들의 오만에 압도되었다. 이는 자유 민주주의에서 피할 수 없는 갈등이다. 또한 많은 경우 지식인들의 해로운 도그마이기도 하다.

하지만 신과 잉글랜드 수평파(청교도의 한 분파로 잉글랜드 내전 시기에 법 앞에서 평등, 종교적 관용, 참정권 등을 주장했다_옮긴이), 17세기 로크, 볼테르와 스미스, 프랭클린, 토머스 페인Thomas Paine, 울스턴크래프트를 비롯해 18세기 선진 사상가들 덕분에 근로자든 그들의 상사든 관계없이 일반 평민은 고대부터 이어진 계층 개념에서 해방되기 시작했으며 민중에 대한 귀족의 지배가 자연스러워졌다. 아리스토텔레스Aristoteles는 대다수 사람이 노예 상태로 태어난다고 말했다. "태어나는 순간부터 굴종이 정해진 사람이 있는 반면 다스리기 위해 태어나는 사람도 있다."[2] 7세기 초 대주교(이자 성인인) 세비야의 이시도루스Isidorus는 "자유에 적합하지 않은 사람들에게 [신은] 자비롭게도 노예 상태를 부여했다"라고 말했다.[3] 농경사회에서 정착하고 토지 소유가 시작된 이래 처음 있는 일이었다.

물려받은 부는 의혹에 찬 시선으로 근로소득을 바라보는 것과 대조적으로 떳떳한 것으로 오랫동안 간주되었다.[4] 남아시아의 오래된 카스트 제도에서 하층민은 가장 열심히 일하는 근로자다. 극동지역의 유교 전통에서는 군주와 신하, 아버지와 아들, 남편과 아내, 어른과 아이, (유일하게 계층과 무관한) 친구와 친구라는 다섯 가지 관계를 강조한다(유교에서 모든 세부적인 사항이 공자의 가르침인 것은 아니다).

왕은 국가의 아버지이므로 '당연히' 우월하다는 비유는 서양(그리고 동양, 북부와 남부)에서 정치적 사상을 지배했으며 토머스 홉스의 사상과 직접적으로 연결되어 있다. 홉스가 인정한 잉글랜드의 찰스 1세는 1649년 교수대에서 연설을 통해 이처럼 보편적이면서도 오래된 개념을 선포했다. "신하와 군주는 완전히 다른 존재다."[5] 하지만 왕과 귀족을 아버지에 빗대는 비유가 일부 대담한 사상가들에게는 점차 희미해졌다. 수평파였던 리처드 럼볼드Richard Rumbold는 1685년 자신의 처형을 앞두고 "신이 남들보다 위에 있다고 남긴 표식을 가지고 태어나는 사람은 없다고 확신한다. 그 누구도 등에 안장을 지고 태어나지 않으며 남의 등에 올라탈 수 있도록 부츠를 신거나 박차를 달고 태어나는 사람도 없다"라고 말했다.[6] 그를 조롱하기 위해 처형대에 모여 있던 사람 중 럼볼드의 말에 동조하는 이는 거의 없었다. 하지만 한 세기 뒤에는 많은 사람이 동의했으며, 1985년에는 사실상 모두가 럼볼드의 말에 동의했다.

기원후 30년 나사렛 예수("너희가 여기 있는 형제 중에 가장 보잘것없는 사람 하나에게 해준 것이 바로 나에게 해준 것이다", 「마태복음」 25장 40절)의 말과 같은 평등주의가 분출하면서 농경사회 전체가 흔들리는 사건도 이따금 발생했다. 그러나 17세기 이후에는 그러한 추세가 지속되었고 오늘날까지 만인이 평등함을 주장하는 지진이 이어지고 있다. 신을 찬양할지어다.

19세기 유럽에서는(아직 발리우드에서는 아니라도) 어린 연인들이 노인을 속이면서 즐거워하는 고대 희극이나 노인으로 인해 좌절하게 되는 비극이 자취를 감췄다. 청년들이 상징하던 인적 자본이 토지 자본을 소유해 경제를 장악하고 있던 노년층으로 대체되었기 때문이다. 따라서 아버지에게 권력이 집중되는 가부장제조차 흔들리기 시작했으며, 오늘날 대다수 미국인과 스칸디나비아 어린이들은 아버지에게 반항하면서 처벌받지 않는 실정이다. 「레위기」에서 동성애를 거론하는 구절이 등장하기 4절 앞에서 「레위기」의 저자로 추정되는 모세는 "누구든지 자기 부모에게 악담하는 자는 반드시 사형을 당해야 한다(「레위기」 20장 9절)"라고 명령한다. 이 구절에 따르면 자유 국가에 거주하는 대다수 십 대는 돌에 맞아 죽을 운명이다. 동성애자, 양모와 리넨을 혼합하거나 월경 후 의식에 따라 목욕을 하지 않는 사람도 마찬가지다.

고통스러운 발전이 오랜 세월에 걸쳐 일어나는 동안 등에 안장 없이 세상에 태어나는 모두가 존엄성을 지닌다는 기이한 개념은 급진적인 재세례론자와 퀘이커교도, 폐지론자, 심령론자, 혁명가, 여성 참정권 운동가들에게 계승되었고, 미국의 드래그 퀸(여장을 한 남성 동성애자_옮긴이)이 스톤월(1969년 미국 뉴욕에서 동성애자 항쟁이 일어난 곳_옮긴이)에서 경찰과 맞서 싸우게 했다. 오늘날에는 자유 국가에서 입증의 책임이 계층 구조, 계급과 성별에 대한 충성심 등 자연법에 부합하는 가치를 지키려는 보수주의자, 정당의 일꾼, 가톨릭 주교, 컨트리클럽의 블림프 대령, 1960년대에 반하는 반동자들에게로 이동했다.

사람이 등에 안장을 지지 않고 세상에 태어난다는 럼볼드의 주장은 왕과 백성 사이 계약에 대한 타당성을 옹호하는 개념도 담고 있다. 럼볼드는 연설에서 "왕은 자신을 위대하게 만드는 힘을 가지고 있다. 사람들은 행복해질 수 있는 만큼의 재산을 가지고 있다. 말하자면 그들은 서로 계약을 맺은 것이다"라고 말했다.[7] 여기에서 "말하자면 계약을 맺은 것이다"라는 부분에 주목해야 한다. 아브라함이 하느님과 맺은 토지 계약과 유사한(유대인들의 수사에서는 '언약'이라고 표현하며 이는 울리히 츠빙글리Ulrich Zwingli 이후 프로테스탄트 사이에서도 널리 사용된다) 부르주아 계약인 것이다.

군주제의 계약과 같은 용어는 17세기에 일상적인 비유로 자리 잡아 홉스와 로크에게서도 발견되며, 18세기에는 보다 널리 사용되었다. 루이 14세는 자신이 신하들과 "상호 의무 교환으로만" 연결되며 "우리가 받는 존중은 [신하들이] 받기를 기대하는 정의에 대한 보답"이라고 말했다.[8] 프리드리히 대왕은 이와 유사한 신하들과의 계약에 지배된다고 보면서 "군주는 국가 제1의 종이다"라고 스스로를 표현하기까지 했다(그럼에도 원할 때는 독재를 서슴지 않았다).

프랑스와 (러시아는 아니더라도) 프로이센의 전제정에서조차 군주는 재산권을 존중해야만 했다. 재산권과 법치가 1688년부터 시작되었다는 주장은 사실이 아닌 것이다. 따라서 절반의 자유와 절반의 존엄성이 더해져야 한다. 1647년 푸트니의 토론에서 리처드 오버턴Richard Overton은 "태어나면서 모든 사람은 평등하며 마찬가지로 재산[즉, 재산을 얻고 유지할 수 있는 동등한 권리]과 자유를 원한다"라고 주장했다.[9] 집단에 속한 사람들이 '행복'해지는 것과 마찬가지로 재산을 소유하는 계약은 진보적 사상을 가진 소수에게 중요한 것으로 간주되었으며, 18세기에는 더 많은 유럽인이 그런 생각을 갖기 시작했다(17세기에 행복은 귀족의 품위와 성직자의 신성함이라는 중세의 개념과 비교해 새로운 관심사가 되었다).

1789년 프랑스 최초의 〈인권선언〉에서 마지막 17조는 재산권을 두드러지게 우호적인 어조로 다룬다. "재산권은 침해할 수 없는 신성한 권리다." 2조에서는 재산권을 '소멸될 수 없는 자연권' 네 가지 중 하나로 꼽는다(자유권, 재산권, 신체 안전에 대한 권리, 억압에 대한 저항권).

1948년 유엔이 채택한 〈세계인권선언〉은(마찬가지로 17조) 1789년에 비해 사회주의에 보다 경도된 시대를 반영해 우호적인 감정은 덜하지만 다음과 같이 규정했다. "1) 모든 사람은 단독으로는 물론 타인과 공동으로 자신의 재산을 소유할 권리를 가진다. 2) 어느 누구도 자신의 재산을 자의적으로 박탈당하지 아니한다." 새로운 이탈리아 헌법 42조 역시 덜 호의적인 어조로 "재산권은 재산을 얻는 방식을 규정하는 법에 따라 인정되고 보장된다. 다만 사회적 기능을 보장하고 모두가 접근할 수 있도록 제한된다. 법에서 정하고 보상이 주어지는 경우 사적 재산은 공공이익을 위해 수용될 수 있다"라고 규정한다. 사회주의에 기운 '사회적 기능', '모두가 접근', 수용을 정당화할 수 있는 '공공이익'과 같은 표현은 20세기에 활발하게 사용되었다. 1986년 호주 노동당 소속 밥 호크Bob Hawke 수상은 호주판 권리장전을 제안했다. 여기에는 재산권에 대한 언급이 없었다.[10]

20세기에 모든 사람의 생명, 자유, 행복 추구권에 대한 수사학적 가정은 가장 강력한 적들의 수사에도 활용되었다(민주주의와 국민이 실제로 무시당하는 북한과 기타 공산주의/파시스트 국가가 그러한 예다). 그러한 정권이 실제로 운영된 집산주의 반대 거래counterdeal는 당 또는 지도자가 장 자크 루소Jean Jacques Rousseau식의 일반 의지를 분별할 것이라고 주장한다. 그렇다면 사유 재산이 필요하지 않다. 정부에서 모든 것을 돌보겠다는 것이다. 아이고, 고마워라.

민주적 다원주의는 양면적이다. 소유물은 절도라는 루소와 피에르 프루동Pierre Proudhon의 이론에서 점진적 재분배는 향상을 근절시켰다.

아르헨티나와 최근 베네수엘라의 예를 보라. 이러한 사례는 1916년 미국 언론인 H. L. 멩켄Mencken이 민주주의에 대해 "평범한 사람들이 자신이 무엇을 원하는지 알고 그것을 얻을 자격이 있다고 생각한다는, 좋지만 어려운 이론"이라는 음울한 재담을 남긴 것을 떠올리게 한다.[11] 또한 그는 "민주주의는 원숭이 우리에서 서커스를 하는 기술 과학"이라고 말했다.[12] 하지만 균형의 다른 한편에는 적당한 재분배를 위한 포퓰리스트의 노력이 있다. 무상 고등교육과 같은 대부분의 복지가 투표권을 가진 중산층에게 주어지고, 최저임금이 중산층 노조원을 보호하며, 이러한 임금의 상당 부분이 동네 술집에서 일하는 서민의 자녀에게 지급되고, 혁명의 소용돌이에서 사회민주주의 국가를 구해냈다고 이해시키는 것이다. 전후 독일이나 미국의 뉴딜 정책을 생각해보라.[13]

1517년에서 1848년, 그리고 그 후 기간에 16세기의 종교 급진주의, 17~18세기의 정치적 급진주의, 19~20세기의 폐지론자와 흑인, 페미니스트, 게이, 비판할 수 없는 급진주의자들은 세상을 향해 오랫동안 부재했던 자유, 존엄성에 대한 질문을 던졌다. 그중 하나만 정치적 질문이고 나머지는 사회적 질문이다. 질문 제기는 상업적으로 검증된 향상을 촉진하는 역동적인 결과를 가져왔다. 소유물을 혐오하는 사회주의자들이 아니었던 1640년 잉글랜드의 수평파는 자유무역을 요구했다. 당시 시대적 기준으로 보면 이들은 남성의 참정권, 연례 국회 운영의 경우와 같이 혁신가들을 두려움에 몰아넣었다.

세상을 자유롭고 부유하게 만든 것은 '자유가 도시의 길드 조합원이나 정복을 입은 상류층에게 부여된 특권이라는 통념, 그러한 사람들과

인가를 내주는 봉건 영주에게 물려받은 특권, 혹은 존재의 거대한 고리에서 밑바닥에 있는 미천한 하인에게 자비롭게 주어진 특권만이 유일한 '존엄'이라는 통념에 의문을 제기한 행위다.

그 증거는 역사, 철학, 문학, 당시의 대화에서 찾을 수 있다. 가격과 소득, 무역 흐름, 계급 이익에서만 찾을 수 있는 것이 아니다. 필립 선공 (부르고뉴 네덜란드 공작)은 1438년 오만한 도시 브루게에 부상하는 자신의 권력을 인정하라고 압박했다. 그는 특별한 '권한'을 거두는 형태로 독재를 했다. 하지만 그의 손녀인 부르고뉴 공작부인 메리는 저지대 국가의 부르주아 마그나 카르타(대헌장) 격인 〈대특권Groot Privilege〉에 서명해야만 했다. 〈대특권〉은 모든 도시에 자유를 돌려주었고 법 앞에서 평등이 실현되었다.

대다수 사람에게 용납되지 않았던 특권을 빼앗거나 부여한 사람들은 공작과 공작부인만이 아니었다. 계층 인간Homo hierarchus은 반복적으로 등장했다. 부르주아 역시 상업 형태에 계층을 반영했으며, 부르주아가 영광을 누린 최초의 북부 근거지에서도 마찬가지였다. 1930년대 네덜란드에서 유행한 얀 그레스호프Jan Gresshof의 급진적 시는 부르주아 학자층의 보수파에 대해 노래한다(그레스호프는 자신이 편집하던 신문에 시를 게재했다는 이유로 해고되었다). 그는 저녁 시간에 아른험의 도시 광장을 만족에 취해 거니는 '성직자, 의사, 변호사·공증인'을 "이 땅에서 그들은 더 이상 배울 것이 없네 / 완벽하고 완전한 사람들이지 / [유럽 기준으로] 오래된 자유주의자에 의심 많고 건강하다네"라고 표현했다.[14] 이제 무너뜨려야 할 대상은 허위의 새 왕, 허위의 새 기사로 탈

바꿈한 부르주아 계층이었고, 이들이 없다 해도 문제는 없었다. 부자 남편의 팔에 매달리는 플로리다의 트로피 와이프(나이 많은 남성의 젊고 매력적인 아내_옮긴이)는 텔레비전 카메라를 응시하면서 빈곤층에 대해 "패배자들을 걱정하지 않는다"라고 말했다. (이름에서 알 수 있듯) 메디치 가문은 일상적으로 익힌 기술을 통해 의사로 시작했으나 기업가 능력에 힘입어 은행가가 되었다. 이어 완력으로 통치자에 올랐으며, 상속으로 계층 구조를 정착시키고 강압을 합법적으로 독점하면서 군주의 지위를 유지했다.

경제사학자 조엘 모키르는 18세기에 네덜란드가 보수적 성향이 되어갔고 "산업 혁명에서 들러리 역할을 했다"라고 평가했다. 그러면서 매클로스키가 부르주아의 자유와 존엄성에 대한 새 이념을 강조한 것에 오류가 있을 거라고 결론 내렸다.[15] 네덜란드는 초기에 자유와 존엄성을 모두 누렸다. 하지만 부르주아는 자신들만의 고결한 계층을 형성함으로써 발전을 뒤집을 만한 능력을 갖췄으며, 네덜란드 통치자들이 바로 그런 일을 해냈다. 또한 모키르는 18세기 네덜란드가 "실패했다"는 잘못된 통념을 받아들였다. 네덜란드는 실패하지 않았다. 런던이 그랬듯 비교우위에 따라 은행가와 상인이 되는 대신 일부 산업을 포기한 것이다.

1690년대 윌리엄 3세가 네덜란드에서 영국으로 새로운 이념을 가져 갔고, 나중에 네덜란드가 이를 통해 많은 일을 했든 안 했든 그 사실에는 변함이 없다. 앞서 황금기에 자유 이념이 각광받던 네덜란드에서는 분명 많은 발전이 일어났다. 훗날 네덜란드 사회가 '성직자, 의사, 변호사·공증인'의 통치 속에 경직되었다는 것에는 나도 동의한다. 하지만 국경으로 이를 논하는 것은 옳지 않다. 18세기 네덜란드의 보수주의를 비판하려면 잉글랜드 남부가 무역과 금융에 특화되는 길을 선택하고 공업 분야 역량을 포기하며 주식과 채권으로 이익을 올리고 공원으로 둘러싸인 대저택에 앉아 네덜란드인처럼 잉글랜드 북부나 벨기에 남부 공업 지역에서는 중요하게 생각하지 않던 지위의 구분에 집착하던 세태 역시 비판해야 한다.

또한 모키르는 관성에 대한 무언의 부명제를 사용한다. 한번 시작된 사회 변화가 영원해야 한다는 주장이다(그렇지 않다면 애초에 존재하지 않았다는 것이다. 이는 모키르가 저지대 국가에서 자유 이념의 표출을 통한 혁신이 과학만큼 중요하지 않다는 주장을 펼치는 방식이다). 내가 부르주아의 자유와 존엄성을 새롭게 평가하자고 강조하는 것보다 이 부명제는 그가 새로운 과학과 문화공화국Republic of Letters이 변화를 일으키는 데 미치는 역할을 강조하는 데에서 더 심각한 문제를 일으킨다(한편 자유와 존엄성은 과학과 문화공화국의 발전을 강하게 장려한다).

결국 17세기 네덜란드에서 전신, 현미경을 비롯해 진자시계 등 여러 과학 기구가 발명되었다. 과학에서 이러한 발전이 있었는데 관성으로 산업 혁명과 대풍요까지 나아가지 않은 이유는 무엇인가? 네덜란드의 사례는 세계에서 가장 부유한 국가로 올라선 이후 유지되었던 부르주아 존엄성을 뒷받침한다. 반면 지지부진해진 과학은 그렇지 못하다.

오래된 기사 제도든 새로운 독점이든 1700년경 발전에 대한 낡은 제약을 무너뜨리기 시작한 도덕과 수사적 변화는 해방시키고 계몽시켰으며 자유를 주었다(평등한 부를 산출하는 루소의 방식이 아닌, 사람들이 권한에서 동등한 자유를 누리는 것을 우선시하는 스코틀랜드의 방식이다). 이는 성공을 거뒀으며 보수 성향의 매력적인 적 중 하나는 다음과 같이 노래했다.

로크는 황홀경에 빠졌고
정원은 사라졌네
신은 그의 옆구리에서
방적기를 꺼냈지.[16]

기저에는 인센티브가 아닌
아이디어가 있다

귀족·종교 가치에서 부르주아 가치로 수사학이 변화한 것, 특히 사회적·정치적으로 부르주아 가치가 널리 인정받은 것(나는 이를 '부르주아 재평가'라고 부른다)에는 경제적 혹은 생물학적 원인이 있다는 주장은 유물론적·경제학적 편견일 뿐이다. 오하이오주립대학교의 정치학자 겸 역사학자 존 뮬러John Mueller는 노예제나 여성의 종속처럼 전쟁이 지난 수백 년에 걸쳐 점차 퇴색되었다고 주장한다.[1] 감정과 발언에 관련된 중요한 습관은 변하기 마련이며 아테네가 민주주의가 된 방식이나 로마 기독교, 독일 북부 프로테스탄트가 그런 예다. 17세기에는 주인이 노예를 습관적으로 구타했다. 지금은 그렇지 않다. 이러한 변화가 꼭 이해관계나 효율성의 고려, 계급 갈등의 논리, 맥스 U의 모험에 기인하는 것은 아니다. 또한 부르주아 재평가에는 법, 정치, 개인, 성별, 종교, 철학, 역사, 언어, 언론, 문학, 예술, 우발적 원인도 기여했다. 이를 이해하기 위해서는 연구가 필요하다.

법사학자 해럴드 버먼Harold Berman을 신뢰하고 헨리 애덤스Henry Adams의 오랜 의견에 공명한 경제학자 디팍 랄은 그레고리 7세가 교회 지상주의를 천명한 데서 거대한 변화를 봤다.[2] 사실일 수도. 나는 랄의 주장과 같은 관념적 설명이 설사 내 생각과 정반대라 하더라도 열렬히 반박하고 싶은 마음은 없다. 적어도 랄은 무모한 유물론에 기대지는 않으니 말이다. 하지만 아브라함 종교의 신 앞의 평등이나 그레고리 7세의 싸움 등 너무 이르거나 광범위한 기원을 찾으려 할 때의 문제는, 근대성이 예를 들어 스웨덴이나 동프로이센 프로테스탄트(칸트 제외), 스페인이나 나폴리의 교회 지상주의자(비코 제외)가 아닌 네덜란드와 잉글랜드에서 비롯되었다는 것이다. 정치적으로 관련 있는 태도를 유럽사에서 뒷부분에 해당하는 1700년경에서 찾는 것이 낫다. 이처럼 연대를 결정하는 것은 역사적 발견(예를 들어 18세기까지 중국 등의 부富 수준이나 자유도가 여러 면에서 유럽보다 현저히 낮은 것으로 보이지 않았다는 주장)에 더 적합하다.[3]

유럽에서는 16세기 종교 개혁의 격변, 프랑스에서 가톨릭과 위그노 간의 오랜 내전(1562~1598), 스페인에 대한 네덜란드의 더 오랜 항거(1568~1648), 17세기 잉글랜드 혁명(1642~1651, 1688~1689)을 거치면서 일반적인 삶과 죽음이 설명되었다. 경제적으로 관련성 있는 태도 변화는 17세기 후반과 18세기 초에 걸쳐 나타났으며, 북해 인근에서 새로운novel 사고가 대두해(문자 그대로 전기 소설romance이 아닌 소설novel에 담겨 있다) 경제의 초월적인 목적인을 영웅이나 성스러운 삶이 아닌 평범한 삶에서 찾았다. 『로빈슨 크루소Robinson Crusoe』(1719), 『업둥이 톰 존스 이야기Tom Jones, A Foundling』(1749)를 보라. 철학자 찰스 테일러는 '평범한 삶의 신성화'라고 표현했다.[4]

기술사학자이자 급진계몽주의(제이컵의 탁월한 조어다) 역사가인 마거릿 제이컵Margaret Jacob은 1680년대가 중심 시기였다고 설득력 있게 주장한다. 절대주의에 대한 영국과 네덜란드의 반응은 "우리가 계몽주의라고 부르는 사건의 촉매" 역할을 했다.[5] 제이컵은 계몽주의가 영국에서는 가톨릭 절대주의에 대한 반응에서(찰스 2세가 은밀하게 부추기고 그의 형제인 제임스 2세는 공공연하게 조장했다), 프랑스에서는 루이 14세 시절 낭트 칙령의 폐지(1685)와 더불어 찰스 1세 및 제임스 1세에게 루이 14세가 은밀히 지원을 제안한 데서 비롯됐다고 주장한다. 잭 골드스톤은 1680년에 잉글랜드에서는 관습법조차 공격을 받았으며, 이것이 리처드 럼볼드의 재판과 처형에서 잘 드러났다고 주장한다. 다시 말해, 모키르가 산업 계몽주의Industrial Enlightenment라고 부른 사건을 일으킨 것은 경제 유물론이 아닌 정치였다.

사실 절대론자와 프랑스 가톨릭교도, 반절대론자, 잉글랜드 프로테스탄트는 모두 중상주의자였다. 그러니 중상주의는 아니다. 포르투갈인, 스페인인은 물론이고 네덜란드인, 프랑스인, 잉글랜드인은 오랫동안 제국주의자였다. 그러나 제국주의도 아니다. 변화한 것은 정치와 사회적 이념이지 경제적 이익이 아니었다.

120

계몽주의에서 일반적인 이념 배경은 도덕과 정치였다. 예를 들어 (반드시는 아닐지라도) 정치적 힘이 아닌 공개적 주장을 통해 문제를 해결하라고 한다. '새로운' 메타 아이디어는 에라스무스 유파 인본주의이며 오래된 수사학 전통이다. 마침내 종교 개혁은 '다스리는 자의 종교가 옳다'라는 미명 아래 유혈 사태를 거친 후 에라스무스 유파의 방향으로 발전했다. 무계층 교회 통치라는 급진 종교 개혁 사상에서 발전된 사고가 더 많은 유혈 사태를 거쳐 민주주의적으로 변화했다. 스코틀랜드에서 폴란드에 이르기까지 사상은 유럽적이었으나 북서부의 격동 지대에서 가장 앞서나갔다. 그러한 사상이 없었다면 유럽에서 근대 세계는 더 늦게, 사뭇 다른 방식으로(예를 들면 프랑스의 중앙집권화) 시작되었을 수도 있다. (음식은 더 나아졌겠지만) 경제적으로는 그리 효과가 없었을 것이다.

귀족층은 경제 거래와 향상이라는 불명예를 무시했다고 말해왔다. 메디치 은행은 나중에 총재들이 상인들에게 합리적인 대출을 제공하는 일보다 기존의 귀족들과 어울리는 데 더 관심을 가지면서 불과 한 세기밖에 유지되지 못했다.[6] 학자층은 경탄스러울 정도로 과장된 진지함에도 불구하고 실험으로 손을 더럽힐 수 없었다(로저 베이컨Roger Bacon과 같은 드문 예외도 있는데, 베이컨은 보람도 없이 수감되고 말았다). 실험과 관찰이라는 개념을 발전시킨 것은 네덜란드와 잉글랜드 상인들로, 지중해에서 앞서 활동하던 상인들의 뒤를 따랐다.[7] 계몽주의는 일상에서 태도 변화를 일으켰다. 왕, 군주, 성직자를 향한 일말의 존경심은 더욱 희미해졌다. 대신 런던의 상인 은행가, 아메리카의 전기 실험에 그러한 존경심이 확대되었다. 이어 법정, 정치에 대한 상대적 평가절하가 서서히 진행되었다.

정치 이론가이자 정신사학자 존 댄퍼드John Danford는 18세기 중반이 되자 "상업 활동이 번영하면 자유 사회가 성립 가능한지" 논쟁이 벌어졌다고 지적한다.[8] 논쟁에서 J. G. A. 포콕Pocock 등은 반상업주의 모범 사례로 로마 공화정과 그리스 스파르타를 내세웠다. 아테네나 카르타고, 당시의 영국이 선호하던 천박한 상업은 케임스 경Lord Kames의 인습적 표현으로 '사치와 관능'을 들여올 뿐이었다. 논쟁이 절정에 달했을 때는 상업이 '애국심을 근절'하고 오랜 자유, 참여의 자유를 박탈한다고 주장했다. 스파르타가 아테네를 격파했듯, 보다 활기찬 국가가 대두해 영국을 정복하거나 "애국심이 모든 구성원에게 충만해 왕성하게 발전하는" 상태를 중단시킬 거라고 강조했다.[9] 지금도 미국에서 향수에 젖어 가장 위대한 세대The Greatest Generation(미국에서 20세기 초에 태어나 제2차 세계대전에 주로 참전한 세대를 가리키는 말_옮긴이)를 찬양하는 목소리에서 그러한 주장을 엿볼 수 있다(린치, 경찰 구타, 오늘날 달러 기준으로 1945년 소득은 4분의 1 수준). 이들은 이와 비교해 나중 시기에는 영광이 쇠잔해졌다고 주장한다(시민권, 시민위원회의 경찰 운영 검토, 1인당 소득이 4배 이상 증가, 훨씬 더 평등해짐). 『네이션Nation』이나 『내셔널 리뷰National Review』에서는 스파르타를 이상으로 삼고, 헌신적이며 사치에 반대하고 공화당의 오래된 신념을 고수하는 애국주의자들의 의견을 엿볼 수 있다.

반면 케임스 등의 주장에 대해 데이비드 흄David Hume은 상업이 사회에 유익하다고 주장했다. 다만 조지 왕조 시대의 정치를 지원하기 위한

2부 · 킬러 앱

중상주의와 해외 제국주의는 유익하지 않았다고 밝혔다. 댄퍼드는 흄이 '정치 지상주의'에 반대했다고 기록한다.[10] "흄은 정치 생활을 폄훼한 것에서 철저히 현대적이며 홉스와 로크의 [개인주의] 주장의 중요한 측면에 동의한 것으로 보인다." 그는 홉스가 "정치 질서를 선(또는 구원이나 제국)이 아닌 안보와 번영의 수단으로 이해한다면" 당시 유럽에서는 찾아볼 수 없던 평화를 달성할 수 있으리라 믿었다고 주장한다.[11] 이에 대해 댄퍼드는 "정치를 크게 격하한 것"이라고 풀이했다. 정치가 가장 잘난 사람들이 모인 소규모 집단이 최고선을 실행하는 무대가 아닌 수단에 불과하다고 봤기 때문이다.[12] 오늘날 우리로서는 그러한 격하가 얼마나 새로운 시각인지 알기 어렵다. 역사적으로 기이한 태도라는 것을 인지하지 못한 채 권리를 보호하기 위해 정부가 구성되어 피지배층의 동의를 기반으로 권한을 얻었다고 가정한다. 정치는 더 이상 울프 홀 Wolf Hall(헨리 8세의 세 번째 왕비 제인 시모어의 저택 이름으로 〈BBC〉에서 방영된 시대극 이름_옮긴이)에서 벌어지는 생존 게임과 같은 귀족의 전유물이 아니다.

흄은 "국가의 위대함과 신하의 행복 간 대립"에 대해 언급했다.[13] 이에 앞서 니콜로 마키아벨리 Niccolo Machiavelli는 정치적 조직체의 목적으로 군주의 위대함을 받아들였다(당시 그가 메디치가의 환심을 얻어야 하는 처지이기는 했다). 스파르타의 목적은 스파르타 여성, 노예, 동맹, 또는 물질적 측면에서 스파르타 자체의 '행복'이 아니었다. "지나가는 이여, 스파르타인들에게 전하시오. 우리는 스파르타법에 따라 여기에 잠든다고." 헨리 8세 치하의 잉글랜드는 신의 은총, 잉글랜드와 프랑스, 아일랜드의 왕, 신앙과 잉글랜드 교회의 수호자, 지상의 수장으로서 헨리 8세의 영광을 높였다.

왕과 귀족의 가치를 폄훼하는 것은 부르주아의 몫이었는데, 그런 일이 네덜란드에서 일어났다. 그때나 지금이나 낭만적인 사람들은 우파를 왕과 국가에, 좌파를 혁명에 연관 짓고 계몽주의를 비웃었다.[14] 계몽주의에서 특별한 점은 평화로운 일상에서 평범하고 평온하게 지내던 사람들의 지위가 격상되고 교역이 강압적인 독점보다 우위를 차지한 것이다.

● ● ●

스웨덴의 정치학자 에릭 링마르Erik Ringmar는 왜 유럽이 처음이었는가 하는 질문에 대한 답을, 1) 모든 변화에는 시발점이 되는 사유가 수반되고(즉, 변화가 가능하다는 생각), 2) 기업가 정신이 발휘되고(변화를 실천), 3) '다원주의' 또는 '관용'이 따른다는 단순하면서 진실된 삼각형에서 출발한다(나는 '관용' 대신 '부르주아 시대의 이데올로기'나 '부르주아 재평가'라고 부르겠다. 본래 보수적인 사람이 변화에 직면해 느끼는 짜증의 느낌이 덜나므로). 링마르는 "당대 영국, 미국, 일본이 독창적으로 사색하고 기업가 정신을 발휘하거나 관용을 보이는 개인들 때문에 현대적인 것은 아니다"라고 주장한다.[15] 맞는 말이다. 베버나 심리학자 데이비드 매클렐런드David McClelland, 역사학자 데이비드 랜즈David Landes의 심리 가설은 가령 중국인의 성공이나 마오쩌둥毛澤東 시절 기근에 시달리던 중국이 1인당 연간 10퍼센트의 성장을 기록하는 국가로 변모하거나 독립 후 라이선스 라즈License Raj(규제 왕국)였던 인도가 1991년 이후 6퍼센트가 넘는 1인당 성장률을 기록하는 등의 증거 앞에 효력을 잃는다. 군중심리가 그토록 빠르게 변화하는 이유는 무엇인가? 기업가 정신을 발휘하는 인구 비율이 5퍼센트에서 10퍼센트로 증가하는 등 5세기 아테네에서도 가능할 법한 개화가 1800년 이후 발생해 30배 성장이라는 대풍요를 일으킨 원인은 무엇인가?

아쉽게도 링마르는 더글러스 노스의 방식으로 "현대 사회는 제도화 덕분에 변화가 자동적이고 손쉽게 일어난다"라고 설명한다.[16] '손쉽다'는 주장에 내포된 문제는 링마르 자신이 앞서 다른 맥락에서 지적했듯 "그 기원에 대한 질문을 만들어낸다".[17] 또한 신제도주의 설명이 부재한 가운데 도덕과 의견에 좌우되는 시행에 질문을 야기한다. 경제사학자 에릭 존스Eric Jones는 잉글랜드에서 길드 제약의 쇠퇴에 대한 글에서 "엘리트 의견의 변화는 예측 불허했으며 이는 일부분 법정에서도 나타났다"라고 지적한다.

> 판사들이 길드가 강제하기를 원하던 제약을 지지하는 경우가 많았다. (…) 17세기 초 도시는 새로운 전입자들이 동직 길드에 가입하도록 강제하기 위한 소송에서 패소했다. (…) 1616년 뉴베리와 입스위치 관련 사건이 대표적이다. 이러한 사례는 '외국인', 자치구 외부에서 이주한 자에게 길드 등록을 강제할 수 없다는 관습법 판례가 되었다.[18]

링마르는 150페이지에 걸쳐 명료하고 박식하며 세련된 주장을 제기하면서 유럽의 과학, 인문주의, 신문, 대학, 학교, 희곡, 소설, 기업, 재산권, 보험, 네덜란드 금융, 다양성, 국가, 공손함, 시민권, 정당, 경제학의 기원을 살핀다. 하지만 그는 진정한 비교언어학자다(중국에서도 수년 동안 가르쳤다). 이 점에서 다른 노스주의자뿐 아니라 노스와도 극명한 대조를 이룬다. 링마르는 유럽의 사실에 설명이 더 필요하지 않다고 가정하지 않는다. 이어지는 100여 페이지에서 그는 유럽이 '제도화'든 아니든 고대로부터 특별하다는 암시적 주장의 상당 부분을 철회한다. 중국에 대해서도 사유, 기업가 정신, 다원주의/관용이라는 세 가지 측면에서 살펴보고 양호한 수준이었다고 인정한다. "적어도 중국인들은 [해양에서] 유럽인들처럼 용맹했다." "[중국] 제국은 상인과 투자자의 재산권에 거의 위협을 가하지 않았다." "이미 기원전 400년에 중국에서는 유럽이 1750년에 생산한 양의 주철을 생산했다." 유교에 대해서는 "놀랍도록 유연한 가르침"이라고 밝혔다. "중국은 훨씬 세밀하게 상업화되어 있었다." 유럽의 "상점과 커피숍은 어떤 면에서는 놀라울 정도로 중국의 것과 유사하다".[19] 그는 중국에 은행, 수로, 대형 전문 기업, 사유 재산이 있었다는 것을 알았으며, 이 점에서 노스주의자들과 주장이 엇갈린다. 노스주의자들은 잉글랜드에 이 같은 근대적인 요소가 17세기 후반에 도입된 것으로 추정하는데, 링마르는 그보다 수백 년 전 중국에 도입된 것으로 본다.

경제학자이자 역사학자인 셰일러프 오길비Sheilagh Ogilvie는 신제도주의자들과 효율성을 강조하는 그들의 주장을 비판하면서 권력에 대한

'대립적'인 시각을 내세운다.

> 효율성을 중시하는 이론가들은 때때로 제도가 갈등을 일으킨다고 말한
> 다. 하지만 갈등을 설명에 포함시키는 경우는 드물다. 대신 갈등은 주
> 로 효율성을 향상하기 위한 요소로 묘사되는 제도의 부산물로 남아 있
> 다. [가령] 농노제는 경제적 파이의 크기를 키우는 데 매우 비효율적이었
> 지만 큰 몫을 지배자에게 배분하는 데는 무척 효율적이었으며 지배자에
> 게 재정적, 군사적 부수익을 안겨주고 농노 엘리트에게는 경제적 이익
> 을 준다.[20]

도덕적 측면에서 큰 몫을 지배자에게 분배하는 것을 정당화하는 데
매우 효과적이었던 이데올로기를 상세히 설명한 새로운 정치 및 사회
사상에 대해서도 같은 논리를 적용할 수 있다.

그렇다면 제도의 변화가 지배층에 그토록 큰 이익을 안겨주는 이유
는 무엇인가? 이번에도 링마르는 설득력 있는 주장을 한다. 그는 유럽
에서 우발적으로 발전된 여론을 그 원인으로 제시하며 빈번하게 언급
한다.[21] 오늘날에도 유럽에서 발간되고 있는 가장 오래된 신문은 1645
년 스웨덴에서 시작된 「포스트오크 인리케스 티드닝가르Post-och Inrikes
Tidningar」이며, 세계 최초 일간지는 1702년 잉글랜드에서 시작되었다.
벤저민 프랭클린의 형인 제임스 프랭클린James Franklin은 청소년이었던
벤저민의 도움을 얻어 1721년 신문을 발간하는 아이디어를 재빨리 모
방했는데, 당국으로선 이것이 눈엣가시와도 같았다. 즉, 가장 중요한

제도는 경제학자들이 지대한 관심을 가지는 혁신적인 특허와 같은 '인센티브(그리 중요하지 않은 것으로 나타났으며 최초로 국가가 설립하면서 독점을 부여하는 등 보편적으로 활용되었다)'나 재산권(중국, 인도, 오스만 제국에서 정립되고 보호되었으며 그 시기가 유럽보다 훨씬 앞서는 경우도 많았다. 다만 유럽법과 로마법에서는 재산을 명백하게 규정했다)이 아니라 사상, 단어, 수사, 이데올로기다. 실제로 이처럼 중요한 요소는 대풍요 직전에 변화했다. 1700년경에는 설득 분위기가 변했는데, 링마르의 표현에 따르면 이 같은 변화는 근대 세계의 사유, 기업가 정신, 다원주의로 이어졌다.

언젠가 링마르가 주장한 "제도는 그 발전 경로를 통해 설명된다"는 말이 항상 옳은 것은 아니다.[22] 그의 주장은 앞선 페이지에서 펼친 자신의 주장과 모순되며 여기에서 진실을 말한다. 많은 경우 "제도가 먼저 발전하고 수요는 나중에 따라온다". 예를 들어 잉글랜드 발전의 기원을 보통 중세 초로 거슬러 올라가는데, 이는 사실이 아니다. 잉글랜드 관습법이 근대성에 필수적이었다는 주장도 마찬가지다. 역사학자 다비드 르 브리David Le Bris는 혁명 이전에 프랑스 북부는 관습법 지역이었던 반면 남부는 민법의 지배를 받았지만 다음 세기에 경제적으로 유의미한 차이가 거의 발견되지 않았다고 했다.[23] 게다가 그러한 법이 존재하지 않는 지역에서는 이데올로기가 변화하면 대안이 즉시 발생했고 많은 경우 발전에 우호적인 방향으로 전개되었다.

그렇다면 왜 잉글랜드인가? 잉글랜드의 수사가 상업적으로 검증된 향상에 우호적인 방향으로 변화했다는 증거는 무척 많다. 여기에는 성미를 자극하는 네덜란드의 성공도 기여한 측면이 있다. 네덜란드 공화

2부 · 킬러 앱

국의 성공에 유럽은 깜짝 놀랐다. 잉글랜드 항해조례 제정과 세 차례에 걸친 영국과 네덜란드 전쟁을 거치면서 17세기 중반 잉글랜드는 네덜란드의 성공을 모방하기 위해 중상주의자 방식을 따랐는데, 이는 네덜란드 델프트와 라이던 주민을 모방하는 더 큰 움직임의 시작이었다. 1976년 역사학자 폴 케네디Paul Kennedy는 "네덜란드 기업에 대한 광범위한 선망의 증거가 대단히 많다"라고 강조했다.[24] 최근 역사학자 매슈 카데인Matthew Kadane도 잉글랜드가 "네덜란드와의 다양한 교류"를 통해 부르주아 덕목을 동경하는 방향으로 기울었다고 설명했다.[25] 당시 잉글랜드에서는 "네덜란드와는 전쟁을, 스페인과는 평화를 추구하세 / 그러면 돈과 무역을 다시 얻을 수 있을 것"이라는 엉터리 시가 회자되었다. 하지만 잉글랜드를 부유하게 만든 것은 네덜란드와의 전쟁이 아니었다. 전쟁에는 비용이 많이 들며 네덜란드의 트롬프와 드 로이테르 제독은 만만한 상대가 아니었다. 비결은 사상의 모방이었다. 스웨덴 역사학자 에리크 톰슨Erik Thomson은 유럽에서 잉글랜드만 연합주(즉, 네덜란드)의 경제적 성공에 놀란 것은 아니었으나 마지못한 태도로나마 그러한 성공을 모방할 준비가 되어 있었음을 입증했다.[26]

토머스 스프라트Thomas Sprat는 『왕립 협회의 역사History of the Royal Society』(1667)에서 그러한 질시와 소통, 모방을 공격했다. 그는 "잉글랜드 상인들이 외국과 관계된 부분에서 명예롭게 생활하는 것"이 같은 신사로서 칭찬받을 만한 일이며 "네덜란드는 비열하고 자기 이익만 챙긴다"라고 봤다. 부끄러운 일이다. "우리 상인들의 많은 행동에서 출신 가문의 고상함이 묻어난다. [즉, 무역을 위해 어린 아들들을 보낸 것이다.] 어떤 이들은 해외에 나가면 평범한 시민에 불과함을 드러내" 부끄러운 '평복' 차림으로 다닌다. 당시 도시에 반대하던 사람들이 조롱하며 사용하던 표현으로, 그러한 지적이 옳을 수도 있다. 스프라트는 성마르게 "저들이 그토록 쉽게 우리를 업신여길 수 있는 이유"라고 밝혔다.[27] 그럴지도 모른다. 1672년 존 드라이든John Dryden은 비슷한 어조로 스프라트의 비판을 이어갔다. 드라이든의 희곡『암본인, 네덜란드인이 잉글랜드 상인들에게 보인 잔혹성Amboyna; or, The Cruelties of the Dutch to the English Merchants』에서 잉글랜드 상인 보몬트는 네덜란드인에게 말한다. "거래에서의 절약에 관해서는 당신들을 따라갈 수 없음을 인정한다. 우리 상인들은 귀족처럼 살기 때문이다. 당신네 나라에 신사들이 있다면, 우리 상인들은 보어인처럼 산다." 여기서 보어인은 하층 농민들을 뜻한다.[28] 하지만 옷감의 길드 규제에 반대했던 조사이어 차일드Josiah Child는 귀족과 무관하게 분별력 있게 행동하는 네덜란드에 경의를 보냈다. "무역 세계를 손에 넣으려면 네덜란드를 모방해야 한다."[29] 보어인이 더 나았는지도 모른다.

근대 세계를 만든 것은 자본이나 제도가 아닌 사상이었다.

시간과 장소에 대해서도 마찬가지다

그렇다면 북서 유럽에서 발전이 일어난 이유는 무엇인가? 그 답을 찾는 과정이 휴머노믹스의 사례 연구다.

원인은 인종이나 우생학, 과학 인종주의의 견고한 전통이 아니다(최근 일부 경제학자와 진화심리학자들 사이에서 과학적 인종주의가 부활한 것은 우생학 역사에 대해 당황스러울 정도로 이해가 부족함을 보여준다).[1] 잉글랜드의 관습법이나 '유럽 개인주의' 또는 유럽 낭만파가 200년 동안 주장하고 있듯 흑림Black Forest에 게르만족 전통이 남아 있어서도 아니다.[2] 역사학자 데이비드 랜즈는 "문화가 모든 차이를 만들 수 있다"라고 말했는데, 이는 고대 유럽의 우월성으로 거슬러 올라가는 오래된 관습이다.[3] 하지만 사실이 아니다. 유럽 이외 지역, 게르만 이외 민족, 심지어

인도와 중국처럼 개인주의 성향이 강하지 않은 지역에서 최근 폭발적인 성장세를 보인 것에서 분명히 알 수 없다면 그에 앞서 한국, 일본의 사례가 있으며, 북아프리카의 유대인부터 잉글랜드의 파시교도, 시드니의 러시아 구교도에 이르기까지 온갖 인종 집단이 해외에서 경제적으로 성공한 사례도 들 수 있다.

그럼에도 가령 중국이 현대에 대풍요 수준의 경제성장을 먼저 시작하지 못한 이유에 대해서는 여전히 의문이 남는다. 독자들은 이제 내가 대풍요가 자유와 부르주아를 존중하는 문명의 주요 결실이라고 주장하리라는 것을 알 것이다. 중국에는 거대한 도시와 수백만 명의 상인이 있고 재산권이 보호되며 대규모 자유무역지대가 있다. 반면 북부 유럽의 부르주아 지역은 여전히 수천 명 수준의 거주지에 불과하고 작은 성벽에 갇혀 있으며 사방에서 무역 장벽이 올라가고 있다. 중국 내부에도 무역 장벽이 있지만 중앙 정부에서 일관적으로 적용해 유럽과 같이 지역 관세나 측정, 화폐가 혼란스럽지 않다. 중국에서는 학당이 운영되었으며, 근대 초 기준으로 문해율이 높고 산술 능력이 뛰어난 수준이었다. 1644년 명나라가 멸망할 당시 문해율이 유럽에 비해 높았다. 중국의 범선은 유럽에서 19세기 철갑선이 등장하기 전까지 동원할 수 있는 그 어떤 유럽 선박보다 거대했다. 포르투갈이 무기력한 소형 범선으로 훨씬 짧은 경로를 찾아내기 전까지 중국인들은 아프리카 동부 해안을 이따금 항해하기도 했다. 하지만 항해를 지속하고, 아프리카 남동부의 콰줄루나탈 같은 주, 희망봉, 1497년 성탄 축제에 이름을 붙여준 것은 중국인이 아닌 포르투갈인이었다. 다른 유럽인들이 제국을 세우고 무역을 수행하기 위해 모여드는 계기를 마련했으며 중국도 여기에 합류했다. 포르투갈의 베르길리우스라고 불리는 루이스 드 카몽이스Luís de Camões는 1572년 "우리는 항해해야만 한다"라고 노래했다. '항해는 필요하지만 삶은 그렇지 않다Navigare necesse est; vivere non est necesse'라는 고대 폼페이우스의 선포가 베네치아와 바르셀로나, 함부르크, 로테르담 등 유럽 전역에서 채택되었다. 유럽인들은 항해에 나섰으며 다른 지역에서는 적어도 유럽인과 같은 광적인 열성으로 항해하지 않았다. 유럽인들은 고국에서 구할 수 없는 사치품을 찾는 데 혈안이 되어 있었다. 무엇보다 기술력이 뛰어났던 중국은 인도양 및 일본과 활발한 무역을 하는 경우 외에는 항해를 하지 않았다. 중국인들이 유럽인들 수준으로 항해를 했다면 오늘날 북아메리카와 남아메리카에서 광둥어 사투리를 쓰고 있을지도 모를 일이다.

어쩌면 서로 다툼을 벌이던 유럽과 달리 중국이 통일되어 있었다는 점이 문제였을 수도 있다. 당시 제노바는 베네치아와, 포르투갈은 스페인과, 잉글랜드는 네덜란드와, 심지어 로테르담은 암스테르담과 갈등을 빚고 있었다. 중국 외에 무굴, 오스만 등의 다른 제국은 수사학적으로 통일되어 있었고 현대의 대학처럼 한 사람이 다스리는 거대한 조직이었다. 중국의 유교와 같은 '기록 문화(혹은 역설적으로 현대의 대학)'에서는 합리적 담론을 할 공간이 없었다. 군주가 관심을 기울일 필요가 없기 때문이다.[4] 추론에 주력하는 제도에서 그러한 추론에 영향을 받지 않는 학과장이나 학장에 대해 생각해보라. 배링턴 무어Barrington Moore는 "합리적 토론은 그러한 토론이 가장 필요하지 않은, 정치[와 종교]적 열

정이 최소인 분야에서 왕성하게 일어날 가능성이 높다"라고 지적했다(현대 대학에 대한 설명은 아니다).[5]

잭 골드스톤은 다음과 같이 밝혔다.

중국과 인도는 상인들에게 자본을 집중시켰으며 과학과 기술에서 대단한 업적을 이뤘고 거대한 시장을 갖추고 있었다. 18세기 중국과 일본에서 농업 생산물과 삶의 기준은 당대 유럽 국가와 비슷하거나 높았다. 아시아의 경우 규제와 경제 분야에서 정부의 개입은 적당한 수준이었다. 이유는 대다수 경제활동이 상인과 지역 공동체에서 운영하는 자유 시장에서 이루어졌고, 앞선 체계를 갖춘 조직의 제한적 정부 관료제에서 세부적으로 규제할 수 있는 범위를 넘어섰기 때문이다. 문화 보수주의로 인해 이러한 사회에서 경제활동은 유사한 경로로 진행되었으나 이 과정에서 상당한 혁신이 점진적으로 일어났고 장기적으로 경제성장을 이끌었다.[6]

이러한 국가에서는 스미스주의자들이 말하는 '장기 경제성장'이 가능했지만, 대풍요와 같은 폭발적 성장에는 미치지 못했다. 그것이 미스터리다.

18세기 초 영국에서는 자유 시장에서 이해관계를 가진 이익 집단이 성장했고, 80년 후 새로 건국된 미합중국의 자유 무역지대가 확대되기에 이르렀다. 1789년 헌법 1조 10항은 "어떤 국가도 의회의 동의를 얻지 않고는 수입 또는 수출에 세금이나 관세를 부과할 수 없다"라고 규정했다. 새로운 수사로 새로운 기업인에게 라이선스가 부여되자 기업인들은 지역 지배층의 부 축적을 위한 중상주의 독점에 반대할 만한 기득권을 창출하도록 많은 사람을 부유하게 만들었다. 오늘날 미국 인디애나주에서 시행되는 청교도적 법률이 완화되면 잡화점에서는 맥주 판매가 주류 판매점에만 유리하게 만드는 법의 재시행을 방지하는 이익 집단을 만들었다. 지난 수백 년 동안 그러한 새로운 이해관계가 창조적 파괴, 예측 불가능한 삶, 조부모 세대보다 훨씬 더 많은 생산과 소득 창출을 위한 관용을 장려했다. 인도는 만모한 싱Manmohan Singh이 물러난 뒤에도 과도한 규제와 보호주의로 돌아가지 않았다. 나렌드라 모디Narendra Modi는 인도의 성장을 저해할 수 있는 힌두 애국주의를 부추기기는 했지만 자유화 기조를 유지했다. 앞으로 중국 정부에서 상업적으로 검증된 개혁을 완전히 뒤집을 것으로 보이지는 않는다(시진핑習近平이 그런 노력을 기울이고 있기는 하다). 노스, 월리스, 와인개스트는 "창조적 경제 파괴는 경제 이해관계의 분배를 끊임없이 변화시켜 정치 관료가 지대 추구를 통해 자신들의 이익을 공고히 하기 어려워진다"라고 지적한다.[7]

도시에서 시장의 운영과 거래가 이루어지는, 그래서 내가 부르주아 생활이라고 부르는 단계가 수만 년까지 되지는 않았다. 기원전 1만 년 전에야 정착해 농경사회를 이루면서 도시가 형성되었기 때문이다. 아라비아반도 동쪽 끝(오늘날 오만)에서는 기원전 2500년에 중개상이 도시화를 이뤘다. 이들은 동쪽으로 수백 킬로미터 떨어진 지역(오늘날의 파키스탄)과 북서쪽 페르시아만 방향으로 수백 킬로미터 떨어진 수메르

문명(오늘날 이라크) 사이의 거래를 중개했다.[8] 모니카 스미스Monica Smith
는 초기 역사시대(기원전과 기원후 수백 년) 인도에 대해 빈약한 근거로나
마 "고고학과 역사적 문서를 통해 다양한 물건이 활발하게 거래되었음
을 알 수 있다"라고 하면서 상인 길드가 무역과 순례자를 보호하기 위
해 '길드 군대'를 조직했다고 설명했다(중세 후기 유럽에서 한자 조합은 해
적을 제압하기 위해 선단을 운영했다).[9] 예를 들어 중부 인도의 도시 카운
디냐푸라는 700명가량이 거주했으며 막자에 쓸 사암, 도자기 광택을
내기 위한 운모, 쌀 등을 소비했는데, 모두 현지에서는 생산되지 않는
물건이었다. 상인들이 최소한 80킬로미터 떨어진 지역에서 가져온 것이
었다. 애덤 스미스는 "일단 분업 체계가 갖춰지면 모두가 거래로 생활하
거나 상인이 되어 사회가 상업 사회로 성장한다"라고 밝혔다.[10]

중요한 점은 상업 분야의 부르주아 전문가가 활동하는 '상업 사회'가
인류 역사의 늦은 '단계'가 아니라는 것이다. 그것은 도시와 함께 성장
하고 도시가 없더라도 무역에 의해 수행될 것으로 예상된다. 그리고 그
러한 이데올로기는 자유주의로 발전했다.

말이 비결이다

유럽, 그리고 세계를 변화시킨 것은 사회나 '상업화'의 물질적 조건이나 재산의 새로운 보호가 아니라 무역과 생산, 향상의 수사였다. 즉, 대니얼 디포Daniel Defoe, 볼테르, 샤를 드 몽테스키외Charles de Montesquieu, 데이비드 흄, 안 로베르 자크 튀르고Anne Robert Jacques Turgot, 벤저민 프랭클린, 애덤 스미스, 토머스 페인, 존 윌크스John Wilkes, 마르키 드 콩도르세Marquis de Condorcet, 윌리엄 피트William Pitt, 아베 시에예스Abbé Sieyes, 보나파르트 나폴레옹Bonaparte Napoléon, 윌리엄 고드윈William Godwin, 알렉산더 폰 훔볼트Alexander von Humboldt, 메리 울스턴크래프트, 프레데릭 바스티아Frédéric Bastiat, 해리엇 마티노Harriet Martineau, 존 스튜어트 밀, 알레산드로 만초니Alessandro Manzoni, 토머스 매콜리Thomas

Macaulay, 로버트 필Sir Rober Peel, 랠프 월도 에머슨Ralph Waldo Emerson 등 영향력 있는 사람들이 생계유지에 대해 자유주의 수사를 사용한 방식이 중요하다. 이후 거의 모든 사람이 그러한 방식으로 말하기 시작했다. 다만 1848년 이후 소수의 우세해진 반부르주아 성향의 지식인 집단은 초기에 이를 따르지 않았는데 토머스 칼라일Thomas Carlyle, 게오르크 프리드리히 리스트Georg Friedrich List, 헨리 찰스 케리Henry Charles Carey, 귀스타브 플로베르Gustave Flaubert, 존 러스킨John Ruskin, 카를 마르크스가 대표적이다(윌리스가 2017년 발표한 탁월한 전기를 읽기 전에는 헨리 데이비드 소로Henry David Thoreau가 반상업 지식인 목록에 든다고 생각했으나 읽고 보니 그렇지 않다). 부르주아의 화법에 대한 도전은 주로 전통적 가치, 귀족이나 종교, 애국주의와 인종주의, 사회주의, 우생학, 환경 결정론, 자유를 제한하는 결과를 이론화하는 발전에 호소하는 방식으로 이뤄졌다.

1700년경 잉글랜드에서 일어난 부르주아 재평가라는 변화는 부르주아 거래를 수용하며 비즈니스를 존중하는 문명이 도래한 것이다. 아트카든과 나는 "부르주아가 상업적으로 검증된 향상을 이룰 수 있도록 허용하면 3막에서 당신을 훨씬 더 부자로 만들어드리리다"라고 표현했다.[1] 많은 엘리트와 더불어 북서 유럽의 엘리트가 아닌 사람들과 그들의 분파가 거래와 향상에 대한 부르주아 가치를 받아들이고 높이 평가하기에 이르렀다. 적어도 그들은 그러한 가치를 차단하려 하지 않았으며 때로는 이전에 볼 수 없는 수준으로 칭찬했다. 특히 새로 건국된 미국의 엘리트들이 그러한 움직임을 보였다. 그러자 엘리트와 더불어 세

138

계 더 많은 지역의 일반 대중, 놀랍게도 오늘날에는 중국과 인도에서 부르주아를 존중하며 적어도 매섭게 멸시하거나 과도한 세금을 부과하는 모습을 보이지 않는다. 미국에서도 모두가 그런 존중을 보인 것은 아니다. 여기에 어려움이 있다.

물질주의의 기계가 하나하나 다 필요한 것은 아니다. 알렉산더 거셴크론이 오래전에 주장했듯 각자 대체물이 있다.[2] 나는 그들이 기계식 시계에서 태엽이 아닌 기어라고 표현했다. 함께 결합해 사용해야 하는 평화와 재산권 같은 부품의 경우 일본, 잉글랜드 등의 여러 지역에서 자유주의가 확산되어 사회가 바삐 돌아가도록 기어를 넣기 오래전부터 사용할 수 있었다.

물질적 필요조건을 일상적으로 찾을 수 있다는 것을 고려할 때 놀랍게도, 처음에 가장 비물질적이고 비기계적으로 보였던 단어, 은유, 내러티브, 도덕, 이데올로기와 같은 것들이 충분조건이었다. 대풍요에서 부르주아 대화의 대체재는 없었다. 물론 처음으로 풍요로워진 이후 후속 사례가 이어지는지는 다른 문제이며 한동안 대화를 억압할 수도 있다. 스탈린이 부르주아 사회에서 빌려온 기술을 활용해 강철을 대량 생산하면서 부르주아 대화를 억압할 수도 있는 것이다. 하지만 1700년 영국에서는 상인과 발명가에게 존엄성이 없는 상태에서 이전과 마찬가지로 기업에 대한 탄압으로 이어질 수도 있었다. 정부는 기득권을 보호하기 위해 이전에 그랬듯 발전을 중단시켰을 수도 있다. 아닌 게 아니라 사회민주주의 시대에 정부는 그러한 일을 언제나처럼 이어갔다. 재능 있는 사람들이 군인이나 성직자, 조신(오늘날에는 정치인과 공무원)이

되는 길을 선택했을 수도 있다. 18세기 초 영국을 휩쓸었던 '과학적'이라고 불리는 체계적 질문이 그저 말뿐인 구호에 그치고 빠르게 엔진을 제작하는 것으로 이어지지 않았을 수도 있다. 프랑스, 이탈리아, 독일에서는 엔진이 더딘 속도로 등장했으며 영국의 사례가 자극을 주지 않았더라면 저속의 1단 기어에 머물러 있었을 수도 있다.

대화가 정확히 의도한 효과를 냈는지 여부와 상관없이 대화는 중요했다. 18세기 후반에 해나 모어Hannah More와 윌리엄 쿠퍼William Cowper의 책을 탐독했던 남성과 여성들은 찬가, 소설, 안내서에서 냉철한 중산층의 가치를 찬양할 것을 장려했다. "기분전환뿐 아니라 설명을 원하던 독서층을 확대"하는 결과를 낳았다.[3] 마찬가지로 아베 시에예스의 시론 『제3계급은 무엇인가?What Is the Third Estate?』(1789)는 프랑스 정치에 오래 지속해서 영향을 미쳤다. 『부르주아 혁명의 수사학The Rhetoric of Bourgeois Revolution』에서 역사학자 윌리엄 슈얼William Sewell은 "시에예스의 사회혁명 수사학을 특징지었던 문학적 장치가 혁명 관련 수사적 어휘에서 일반적인 요소가 되었다. 그의 언어는 프랑스 정치 문화에 강력하고 지속되는 영향을 미쳤다고 말해도 과언이 아니다"라고 주장한다.[4] "[프랑스] 문인들은 혁명 사상을 프랑스에 전파했을 뿐만 아니라 기질과 삶의 전망도 형성했다. 사람의 생각을 이상적 패턴에 불어넣는 오랜 과정에서 문인들의 작업은 프랑스가 정치 분야에서 훈련이 없을 때 이후 훨씬 쉬워졌으며 독무대를 차지하게 되었다"라고 1856년 토크빌이 남긴 말도 유명하다.[5] 하지만 북아메리카의 버몬트부터 조지아에 이르는 영국 식민지와 여기에 건국된 새로운 나라에서는 정치 분야에서 현지의 경험이 많이 축적되었다. 덕분에 〈미국독립선언서〉나 〈게티즈버그 연설〉, 〈네 가지 자유 연설〉, 〈나에게는 꿈이 있습니다〉와 같은 연설은 사람들의 생각을 형성하는 데 오래 지속적으로 강력한 영향을 미치거나 수치심이 들게 만들어 영광스러운 이상을 구현하도록 유도했다. 1936년 랭스턴 휴스Langston Hughes는 "오, 미국이 다시 미국이 되도록 하자 / 이 땅은 한 번도 미국인 적이 없었으니 / 그러나 모두가 자유를 누리는 땅이 되어야만 한다"라고 노래했다.[6] 말은 근면한 부르주아, 소작농, 프롤레타리아를 향한 변화를 지지했다. 이제 모든 서민에게 성공할 기회와 미국의 이상을 추구할 기회가 주어졌다.

말이야말로 중요하다. 현대성은 막스 베버가 1905년에 주장했듯, 근본적인 심리 변화에서 비롯된 것이 아니다. 물론 베버는 사람들의 대화를 증거로 제시했다. 대화는 그러한 사안을 자연스럽게 입증할 수 있는 증거다. 하지만 그는 자신이 사람들의 심리적 요소 핵심에 다가가고 있다고 믿었다. 상업적으로 검증된 향상에 대한 새로운 열망에 불을 붙인 것은 프로테스탄트 윤리나 '소유적 개인주의'의 부상, 국민감정의 대두, '근면 혁명', 새로운 실험 태도나 개인의 저변에 있는 기타 행동 변화가 아니다. 이러한 요소가 사소한 것은 아니며 새로운 부르주아 문명에서 번창한 가지 역할을 했다. 하지만 가지일 뿐 뿌리는 아니었다. 환경이 보장되는 한 사람들은 언제나 자부심을 느끼고 근면했으며 소유욕과 호기심을 느꼈다. 예를 들어 인류 초기부터 탐욕은 죄악이었으며 신중한 사리 추구는 선이었다. 아킬레스는 아가멤논의 탐욕을 비난했다. 현대 초기에는 그러한 죄와 선에 대한 요소가 없었다. 민족주의에서 느끼는 자부심의 경우 13세기 이탈리아 도시(또는 오늘날까지 이탈리아 교구)에서는 지역의 '민족주의'를 드러냈으며 이탈리아인들은 지금도 지방색campanilismo을 유지하고 교회 종탑을 통해 날마다 이웃과 리듬을 공유한다. 1914년 애국심 충만한 프랑스인도 그랬을 것이다. 과학 혁명의 경우에는 성과를 얻기까지 무척 많은 시간이 걸린다. 부르주아 엔지니어와 기업가에게 새로운 존엄성이 부여되지 않은 상태에서 18~19세기 초 보잘것없는 물질적 보상은 무시되었을 것이며 시간이 많이 흐른 뒤에는 거액의 보상 지급이 영원히 미뤄지고 만다.

다만 문화와 사회, 경제에 생기를 불어넣는 정신Geist이 필요하다는 베버의 주장은 옳다. 이는 초월성에 대한 진실한 수사이며 그러한 수사는 경제 성과에 중요한 영향을 미친다[7](독일어 'Geist'는 영어로 번역된 'spirit[ghost와 동족어]'보다 향냄새가 덜하다). 그럼에도 개선의 정신은 깊은 곳에 자리하는 것이 아니라 표면적이며 사람들이 말하는 방식에 녹아 있다.

그러한 수사는 변화할 수 있으며 때로는 그 속도가 빠르다. 항상 수백 년에 걸쳐 조성되는 '문화'는 아닌 것이다(경제학자들은 경제 효과에 대한 고민을 멈출 수 있다는 점에서 이렇게 가정하기를 좋아한다). 예를 들어 1980년대와 1990년대 미국의 보수주의는 뉴딜과 위대한 사회에 어머니의 비유를 사용하는 것을 공격하면서 규율과 관련된 아버지의 비유로 대체했다.[8] 중국에서는 1978년까지 공산당의 대화(와 공안의 조치)가 모든 긍정적 경제 향상을 중단시키는 대신 뒷마당의 용광로와 거대한 집단 농장을 선호했다. 이후 중국 정부는 점진적으로 향상을 허용했

2부 · 킬러 앱

고 현재 중국은 위안화 가치를 부양할 기회가 될 만한 이런저런 대화를 쏟아내고 있다. 화폐와 궁극적 목표만 적절하게 바꾼다면 이는 인도에도 해당한다. 1517~1789년 북해에서 그랬듯 수사학은 귀족과 기독교의 반부르주아 대화 프레임에 1,000년 동안 갇혀 있었다고 하더라도 변화할 수 있다. 원인으로서의 수사학에는 낭만적인 심오함이 부족하다. 그러나 그 모든 것에도 불구하고 그것은 더 고무적이고, 인종주의, 절망, 민족주의, 결정론, 유물론의 성격은 덜하다.

앵글로스피어(영어권 국가_옮긴이)의 20세기 역사를 생각해보자. 고립주의를 표방하던 미국이 윌리엄 매킨리William McKinley 이후 테디 루스벨트Teddy Roosevelt, 우드로 윌슨Woodrow Wilson 시대에 얼마나 빠르게 세계에 실력을 과시했는지 보라. 자유주의 비평가 H. L. 멩켄과 훗날 로버트 힉스Robert Higgs가 혐오감을 드러낼 정도였다.[9] 1918년에서 1922년 사이 영국에서 서민 정치의 수사가 얼마나 빠르게 변화해 위대한 자유당을 무너뜨렸는지 보라. 1919년 이후 미국에서 올리버 홈스와 루이스 브랜다이스의 반대 의견을 통해 언론의 자유 수사가 빠르게 변화한 사례를 보라.[10] 영국에서 일자리나 주택 관련 광고에 1960년대에는 흔히 사용되던 '유럽인 전용'이라는 표현을 쓰지 못하도록 법적으로 금지하면서 대화가 어떻게 변화했는지 보라(1991년에도 독일에서는 그러한 수사가 여전히 허용되었다. 프랑크푸르트의 술집에서는 문에 '개와 터키인 출입 금지'라는 문구가 붙어 있었다[11]). 미국의 아파르트헤이트가 프리덤 라이더스Freedom Riders(1960년대 미국의 흑인 인권을 옹호한 시민운동가들_옮긴이)의 압력과 투표권리법 제정 덕분에 빠르게 변화한 것을 생각해보라

(한편, 저자의 아버지 로버트 G. 매클로스키Robert G. McCloskey는 법적 변화를 저지한 문서 초안 작성을 도운 일이 있다). 인종 차별 발언과 인종 차별 행위가 이러한 나라에서 하루아침에 사라진 것은 아니다. 하지만 인종 차별 발언은 더 이상 법과 관습에서 존중받지 못하며 인종 차별 행위는 물러가고 있다. 버락 오바마Barack Obama나 도널드 트럼프 시대의 반응을 보라. 수사가 지배한다.

또한 기혼 여성의 고용이 얼마나 일반적인 일이 되었는지 보라. 시몬 드 보부아르Simone de Beauvoir, 베티 프리던Betty Friedan, 기타 페미니스트의 경력은 중요하다. 호주에서는 1980년대 밥 호크와 폴 키팅Paul Keating 정권에서 기원을 1900년대 초로 거슬러 올라가는 보호주의 '연방 합의' 운영이 중단되었다. 신노동당이 국유화에 대한 영국 노동당 당헌 4조로 얼마나 빠르게 민심을 잃었는지 보라. 마치 트럼프 정권에서 인종 차별주의로 되돌아간 것과 같이 제러미 코빈Jeremy Corbyn이 국유화를 잠시 회복시키긴 했지만, 토니 블레어Tony Blair와 그가 구사한 현실주의적 수사는 중요했다. 물론 이 모든 사안에 대해 물질적 원인을 찾아 합리적 주장을 펼치는 사람도 있을 것이다. 하지만 수사가 중요하며 놀라울 정도로 신속한 변화를 일으켰다.

앞서 지적했듯 역사학자 데이비드 랜즈는 1998년 "경제 발전 역사에서 우리가 무언가를 배울 수 있다면 문화가 모든 차이를 만들어낸다는 것이다"라고 주장했다(이 대목에서는 막스 베버의 말이 옳다).[12] '문화'가 역사적으로 뿌리 깊은 민족적 성격을 의미한다면 그는 잘못 판단한 것이며, 실제로 랜즈는 그런 의미로 사용했다. 대신 우리는 피상적인 수사가 중요한 영향을 미치고 각 세대에서 다시 해석됨을 경제발전사를 통해 알게 된다. 우리를 옥죄는 잘못의 원인을 오늘날의 말이 아닌 조상이나 계급, 민족, 행성에서 찾는 것보다 더 고무적인 결론이라는 것을 나는 깨달았다. 경제학자 윌리엄 보몰William Baumol, 로버트 리탄 Robert Litan, 칼 슈람Carl Schramm은 2007년 "경제를 한 세대 혹은 그 미만이라는 단기간에 일으킨 많은 사례가 있다. [한국, 싱가포르, 태국, 아일랜드, 스페인 등의] 이러한 성공은 문화가 모든 것을 결정한다는 시각과 일치하지 않는다"라고 지적했다.[13] 문화에는 이렇다 할 변화가 없는 상태에서 정치를 비교적 단기간에 변화시킨 나라에도 동일한 논리를 적용할 수 있을 것이다. 제2차 세계 대전 이후 패전국 독일, 부유해진 타이완, 프랑코 사후의 스페인, 소련 해체 후 우크라이나를 생각해보라. 수사를 쓰는 사람들이 설득력을 얻는 것으로 '문화'가 이해되는 것이 아닌 한 문화는 핵심이 아니다. 이런 경우라면 물론 문화가 핵심이라 할 수 있다.

여기에서 주장하려는 바는 개성에 대한 낭만파 이론에서 비롯된 주요 개념과 반대로, 또한 수사적 반추 없이 의사결정을 내리는 공리주의 이론에서 비롯된 미리 알려진 선호라는 개념(낭만주의 동전의 반대면)과도 반대된다. 우리가 하는 일은 상당 부분 타인과 자신에게 어떻게 말을 하느냐에 따라 결정된다. 즉, 20세기 언론 자유 존중, 19세기 부르주아 계약의 수용, 18세기 일반인들에게 성공 기회를 제공한 평등주의 정신과 같은 공공윤리의 문제다. 프랑스의 정치 이론가 베르나르 마냉Bernard Manin은 "자유로운 개인은 자신이 원하는 것을 이미 완벽하게 알고 있는 사람이 아니라 불완전한 선호도를 가지고 있고 내면의 숙고, 타인과의 대화를 통해 원하는 바를 파악하는 사람"이라고 밝혔다.[14] 마냉은 이 서신에 앞서 1755년 루소가 민주주의 수사에 대한 공리주의의 적대감과 낭만주의를 혼합해 형편없으나 영향력이 강한 혼합물로 만들었으며 이 혼합물은 숙고와 수사를 부인한다고 지적한다.[15] 투표를 하거나 귀찮은 투표 없이 일반 의지를 분별하는 것이다.

독일의 종교 개혁, 네덜란드의 봉기, 잉글랜드와 미국, 프랑스 혁명은 평범한 사람들에게 뻔뻔함을 새로 주입시켰으며 이는 한동안 북서 유럽에서 고유하게 나타났다. 북부 유럽에서 4개의 R은 (프로테스탄트) 개혁Reformation, (네덜란드) 봉기Revolt, (잉글랜드, 미국, 프랑스) 혁명Revolution, 구텐베르크의 '읽기Readin'다. 18세기에는 5번째 R, 즉 부르주아의 재평가Revaluation라는 새로운 자유주의 이데올로기가 오래된 독점을 예방하고 보편적인 향상이 일어나도록 상업적 이익을 검증했다. (일반적으로 개인주의를 탄생시킨 것으로 오인받는 르네상스는 5개의 R에 포함되지 않는다. 르네상스는 반부르주아, 반서민 성격이 강했고 우르비노의 페데리코 다 몬테펠트로Federico da Montefeltro나 피렌체의 코시모 데 메디치Cosimo de Medici의 화려한 생활을 기렸다. 이전에 부르주아였던 북부 이탈리아가 귀족과 군복에 이끌리고 치명적이면서 마침내 희극적인 결투를 무대에 올린 것도 놀라운 일이 아니다.) 자유와 존엄성은 일반인에게 탐험, 과학 혁명, 스코틀랜드 계몽주의, 나아가 지금 우리가 가장 큰 관심을 가지고 있는 대풍요의 시대를 촉진했다. 르네상스가 아니다.

옛 부르주아와 귀족층은 자유무역이라는 불명예를 피해 달아났다고 주장했다. 16세기 네덜란드와 잉글랜드 상인들은 손에 잉크를 묻혀가면서 실험하고 관찰하는 삶이라는 개념을 발전시켰다.[16] 왕과 공작, 성직자의 영예는 평가절하되었다. 이어 법정과 정치의 가치도 서서히 절하되었다. 수백 년 뒤 인도 등에서는 부르주아 계약, 상업적으로 검증된 향상, 부유한 현대 세계의 공급 특징을 받아들였다. 지구의 가련한 자들의 선을 위해 그러한 업적이 오래 이어지기를.

BETTERING HUMANOMICS
: A NEW, AND OLD, APPROACH TO ECONOMIC SCIENCE

3부 의심

킬러 앱에 대한 분석철학자들의 의심은 설득력이 없다

　'오늘날 우리가 이토록 부유한 이유는 무엇인가?'라는 현대 경제학과 역사학의 화두에 대한 내 답변에 다양한 논평이 제기되었는데, 철학자 두 분과 사회학자, 정치이론가, 경제사학자 각각 한 분이 3부작에서 휴머노믹스라는 킬러 앱을 제시한 『부르주아 평등Bourgeois Equality』에 대해 의견을 제시했다. 이들의 의견은 현대 경제성장을 설명하는 휴머노믹스와 그 적용에 대해 도전을 제기했다.[1]

　철학자 제럴드 가우스Gerald Gaus의 후한 찬사에 어안이 벙벙했다. 나는 '대작'을 집필하러 나선 것이 아니었으며, 결과물이 그에 가깝다고 생각하지도 않는다(당황).[2] 3부작, 특히 가우스가 주목한 세 번째 책에서는 부르주아의 명예를 회복하고 이들의 역할에서 과학적 진실을 발견하고 그러한 태도가 현대 세계를 만드는 데 어떤 역할을 했는지 알아보고자 했다. 2000년경에는 책 한 권이면 이러한 작업이 가능할 것으로 생각했으나, 2016년 말 총 1,700페이지의 연작이 완성되었다(각 권이 완성되기 전에 거의 논문으로 게재되지 않았다).

3권에서 집필을 중단한 이유는(세 번째 책이 이미 앞선 두 권의 두꺼운 책보다 길었다) 보증된 믿음에 대한 세 번째 책 집필을 중단하면서 정치 철학자 앨빈 플랜팅가Alvin Plantinga가 제시한 설명에 잘 표현되어 있다. "3부작은 방종일 수 있겠으나 [한때 고려했던 6부작은 말할 것도 없고] 4부작은 용서할 수 없는 일이다."³ 혹은 돌에 맞아 죽을 만한 죄악에 대한 히브리어 구절을 신학적 용어로 번역한 단어를 빌리자면 '가증스러운 것'이다.

역사, 경제학, 윤리학 등에 대해 1,700페이지에 달하는 증거와 사유를 집필하면서 마치 은행 환어음에 대해 사전 계획과 일반적인 결과를 담은 글을 쓰듯 하지는 않는다(청년 칸트가 훗날 친애하는 친구 그린에게서 배운 꼼꼼한 습관에 반대한 것을 인용). 그러한 경험은 치밀한 계획보다 상업적으로 검증된 향상을 발견하는 것에 가깝다. 20년 가까이 생각하고 읽으며 12년에 걸쳐 책을 발표하면서 나는 몇 가지 발견을 했으리라 기대한다.

이 책에서 독자를 설득하고 있는 주된 방법론적 발견은 경제학과 역사학에 휴머노믹스가 필요하다는 것이다. 주된 실질적 발견사항은 앞서 4개 장에 걸쳐 설명했다. 즉, 현대 세계를 만들어낸 근본적인 충분조건, 텐트의 중심 기둥(오래된 비유), 또는 기계식 시계의 태엽(좀 덜 오래된 비유)으로서, 말하자면 부르주아 행동의 발전으로 이어진 베버식 심리학적 변화나 새뮤얼슨식 인센티브의 노스주의자의 변화, 마르크스주의자의 역사유물론적 필연성보다 더 강력한 것이다. 북서 유럽에 고유한 사회학적, 정치적 변화로 부르주아와 그들의 결실을 처음으로 받아들인 것이 시계의 태엽이었다. 그것은 자유주의 이데올로기였다. 이데올로기의 변화는 평범한 사람들을 대담하게 만들어 '혁신주의innovism'라는 유사한 이데올로기로 이어졌다(슬프게도 '자본주의'라고 불린다). 이는 평범한 사람들이 성공할 기회를 얻도록 허용하고 장려했다. 스미스의 표현을 사용하자면 "평등, 자유, 정의의 자유로운 계획"이었다.[4] 사람들이 독창성을 발휘해 부유해지고, 원한다면 교양을 얻도록 했다. 그렇게 해야 부르주아 평등이 가능해진다.

하지만 제럴드 가우스는 오로지 존 W. 채프먼John W. Chapman의 이론에만 귀를 기울이면서 내가 "제대로 이해하지" 못했다고 말한다.[5] 그의 주제는 나의 게임 이론이 부적당하고 획일적이라는 것이며, 따라서 내 주장을 간과한 것이다. 그가 생각하는 내 주장에 대해(1905년 베버주의, 심리학, 개신교 윤리와 자본주의 정신) "성격적 특성 및 태도의 설명력에 의문을 제기할 확실한 이유가 있다"라고 말한다.[6]

하지만 그와 반대로 나는 부르주아의 베버식 성격적 특성이 아닌 부르주아에 대한 이데올로기 변화를 말하고 있는 것이다. 혹은 마르크스가 만들어내지 않은 더 오래된 단어를 원한다면 변화한 것은 사회적 수사다. 논쟁을 덜 일으킬 단어를 원한다면, 이번에도 오래된 단어를 사용해 사회적 윤리가 변화했다고 표현하겠다.

그러한 오해가 가우스에게서 비롯된 것은 놀라운 일이다. 일반적으로 그는 이해력이 뛰어난 독자이기 때문이다. 이전에 가지고 있던 강력한 신념에서 출발해 현재의 주장을 구별하는 것이 어려워졌음이 틀림없다. 그렇다면 이전의 주장이란 무엇인가? 내가 주로 반대하는 대상이 애석하게도 작고한 더글러스 노스와 그의 신제도주의 추종자이기를 바라는 것으로 보인다. 이 책에서 노스에 대해 얼마간의 반대 의견을 제시하고, 이 시리즈의 또 다른 책에서 여러 반대 의견을 제시한 것은 사실이다. 가우스가 의견을 제시한 『부르주아 존엄성Bourgeois Dignity』의 일부분과 기타 몇 개의 시론에도 그러한 의견이 담겨 있다.[7] 하지만 가우스는 노스에 대한 반대가 자기 기만적이며, 그저 내가 그를 부러워하고 성미가 고약할 뿐 실질적으로 과학적 차이를 제시하지 못한다고 생각한다. 그는 내가 노스에 반대함으로써 어리석은 짓을 하고 있다고 본다. 철학자 크리스티나 비키에리Christina Bicchieri의 게임 이론 논리 '사회 도덕성의 규칙 지배' 방식으로 노스가 주목한 '게임의 제도적 규칙'을 회복하기를 바란다.[8] 그는 노스 쪽으로 기울어져 있다. 그리고 사상의 자율적 역할을 명백하게 무시하는 경제 주장에 경도되어 있다. 즉, 가우스는 내가 마음을 쓰는 대상이 무엇인지 모른 채 휴머노믹스에 의구심을 보내고 있는 것이다. 휴머노믹스는 이 책의 주된 주장이다. 『부르주아 존엄성』에서 대풍요의 학문적 역사는 휴머노믹스의 성격이 강하다는 것을 나도 나중에 깨달았다.

물론 경제주의에도 이점이 있다. 경제학자로서 조합원증(Harvard Local 02136, Chicago Local 60637)을 잃고 싶지 않은 심정이다. 하지만 게임 이론은 3부작과 이 책에서 내가 주장하려는 바와 반대된다. 3부작(과 보다 폭넓게 경제학에 대한 함축된 의미를 이끌어내는 이 시리즈)을 이해하는 또 다른 방식은 새뮤얼슨 경제학의 핵심에 있는 절제만을 강조하는 특성에서 탈피해 도덕, 역사, 사회학, 문학적으로 접근하는 것이다. 노스의 항변에도 불구하고 그와 추종자들은 기존의 절제만을 강조하는 유물론적 맥스 U의 방식으로 인간과 사회에 대해 '신고전주의적' 비협력 게임 이론에 기대고 있다. 그들이 그렇지 않았기를, 성장해서 사람들이 생각하고 사랑하고 논쟁하는 존재임을 알아차렸기를 바란다. 앞서 나는 언어는 그저 인간의 반응이 아닌 인간의 행동을 표현하는 힘을 지니고 있다고 밝혔다. 스미스의 말처럼 "모두가 인생 전체를 통해 타인에 대한 수사를 실천하고 있는 것이다".[9]

가우스는 "현대 윤리는 우리가 무엇을 해야 하는가, 내키지 않더라도 해야만 하는 바와 관련된다"라고 강조한다.[10] 칸트와 의무론의 그림자가 드리워져 있다. 철학자들이 쾨니히스베르크의 현자에게서 자신을 분리하는 노력을 기울이기를 진심으로 바란다. 그는 그 어떤 수사, 웅변술, 이데올로기, 인류학도 인정하지 않았다. 그의 주장은 우리가 사회과학자이므로 그러한 분야를 다루지 않는다는 뜻이다. 가우스는 경직된 규칙을 바라며 대화를 배제한 게임 이론을 지지하기를 바란다. 이번에도 노스와 애브너 그리프다.[11] "[선한 사람은] 부르주아 덕목의 결과인가? [이번에도 그는 내가 말하는 바가 타인이 어떻게 가치를 평가하느냐에 대한 사회학, 정치학적 고찰이 아닌 부르주아의 개인적, 심리적 행동이라고 생각한다는 것에 주목하라.] 나는 모르겠다. 그녀가 요구되는 방식으로 행동해야 하는가? 물론이다."¹² 이러한 주장이야말로 칸트의 것이며 모든 합리적 행위자가 결과로 간주해야 하는 윤리를 세우려는 시도로, 실제 프랑스인들이 무엇을 하는지 관심을 두지 않는다. 그래야만 한다Sie müssen.

오래전 『뉴요커New Yorker』에 실린 카툰을 인용하자면, 식사용 의자에 앉은 아기가 마음에 들지 않는 식사에 투정을 부리고 있다. "시금치 잖아, 관심 없다고요."

가우스가 수렵·채집에서 평등주의를 철학사로 조명한 것과 『부르주아 평등』을 활용한 것에는 경의를 보내지만, 그가 특별히 역사 사상가인 것은 아니다. 그래도 괜찮다. 한 사람이 모든 일을 할 수는 없는 법이니, 숀 니컬스Shaun Nichols와 공동 집필한 저서에서 실험에 대해 "[사전에 예정되고 계층적으로 허용된] 권한보다는 [최소한으로 정당한] 금지를 강조하는 사회도덕이 혁신과 탐색 행위를 장려한다"라고 주장한 부분은 귀 기울일 만하다.¹³ 흥미롭게도 자유주의가 현대 세계를 만들었다는 내 주장과 일치하는 결과다. 『부르주아 평등』에서 지적했듯, 행동에 대한 동일한 관찰은 흄과 스미스, 칸트에서 전형적이며 계몽Aufklärung의 한 측면이다. 장 바티스트 콜베르Jean Baptiste Colbert의 상업주의와 대조를 이루는 자유 이데올로기다.

그럼에도 우리가 경제 문제 못지않게 역사 문제를 해결해야 함을 가우스가 깨닫기를 진심으로 바란다. 예를 들면 대풍요가 발생한 이유와 그 장소, 시기 같은 문제인데, 대풍요는 북서유럽에서 2~3세기 전에 시작되어 전 세계로 확산했다. 3부작 중 두 번째 책인 『부르주아 존엄성』에서 다소 길게 설명했지만, 완벽하게 경제 측면에서 주장할 때는 문제가 있다. 예를 들어 중국은 석탄을 보유했고, 인도는 해외 무역을 활발하게 수행했으며, 스페인은 거대한 해외 제국을 거느렸고, 오스만은 법치를 행했으며, 프랑스에는 계몽주의 운동이 있었다. 하지만 그어떤 나라에서도 대풍요가 시작되지 않았다.

이것이 비키에리나 노스, 애스모글루의 게임 이론과 끝없이 논쟁이 벌어지는 지점이다. 한편으로 이들은 자신들의 방법이 보편적이기 때문에 지나치게 많은 설명을 한다. 또 다른 한편으로는 북서유럽의 네덜란드 및 잉글랜드 특성의 관념적 특이성, 즉 초기 자유주의의 특이성에 관심을 두지 않기 때문에 지나치게 설명이 부족하다. 가우스는 "지난 15년 동안 인간의 행동이 타인의 규범적 기대에 매우 민감하다는 것을 보여주는 많은 증거가 축적되었다"라고 밝힌다.[14] 그렇게 오래되고 명백한 인간의 특성에 대해 '지난 15년'의 증거가 거의 필요하지 않다고 말할 수도 있지만(안티고네? 히브리 선지자? 마하바라타?) 전적으로 동의하는 바다. 내가 주장한다고 가우스가 생각하는 더 나은 부르주아와는 꽤 다른 개념이다. "중요한 점은 [비키에리의 단어를 사용하자면 '트렌드세터'가] 평등한 존엄성, 자유, 시장, 혁신을 지지하는 규범적 기대를 만들어내는 사회 규칙을 형성할 수 있으며 이러한 규범적 기대가 타당한 것으로 널리 수용되었다는 것이다."[15] 물론이다.

그렇다면 그때 거기서 그런 일이 일어난 이유는 무엇인가? 이는 역사적·과학적 퍼즐이다. 비키에리의 논리는 로마 공화정이나 근대 초 일본에 적용될 수 있을 텐데, 이들은 근대 세계를 만들지 않았다. 내 저서에서는 처음에 네덜란드, 이어 영국에서 그런 일이 일어난 이유를 설명하려 시도하며 근접하지만, 분명히 이념적인 시도로서 사상의 문제임을 발견한다. 과정에 대한 생각 자체에는 원인이 있었고 일부는 물질적(유럽의 신세계 '발견', 해양에 경도되는 유럽인의 성향, 유럽의 정치적 분열)이지만 다수는 관념적(교회 계층 구조에 대한 급진 종교 개혁의 공격, 조엘 모키르의 과학자 공동체, 남성과 여성의 권리)이다. 가우스는 "자유적 평등이라는 틀이 공동체의 보편적 구성원에 대한 이상을 수용한다. 기본적인 사회생활의 규칙이 공동체 구성원인 모두에게 평등하게 적용된다"라고 밝힌다.[16] 하지만 그것은 내가 3부작에서 거듭 강조한 자유 이데올로기이며 2019년에 출간된 정치서 『트루 리버럴리즘』에 담겨 있다.

가우스는 "우리가 완전히 낯선 이와 마주할 때는 도덕이 게임을 지배한다"라며 이번에도 노스를 소환한다. "대부분의 경우 우리는 이러한 낯선 이에 대해 거의 알지 못하며, 특히 그들이 선에 대해 어떤 개념을 가지고 있는지, 도덕적으로 간주하는 바에 얼마나 부응하는지 모르지만 거기에 기대야만 한다. 그런 일이 어떻게 일어날 수 있는가?"[17]

고대에는 그런 일이 일어났다. 예를 들어 정직에 대한 내부의 심리적 '발전'이 일어났다는 것은 사실이 아니다. 오히려 북서유럽에서는 새롭게 상업적 정직을 존중하기 시작했는데, 이는 완전히 다른 문제로 이데올로기나 수사, 도덕의 문제다. 역사적·사회적 문제지 경제나 심리적 문제가 아니다. 증거는 충분하며 '정직'의 의미가 귀족에서 부르주아로 이동한 것이 그러한 예다.[18]

이러한 텍스트 문제를 떠나 가우스가 사람들을 회의적인 순응주의자로 바라본다는 데 거부감이 든다는 점을 언급하고 싶다. "우리는 타인의 규범적 기대에 민감하며 다수가 규칙에 표현된 도덕적 태도와 선에 열정적이지 않더라도 안정적인 규칙 기반의 협력 체계를 달성할 수 있다는 점에서 철저하게 사회 규범적인 피조물이라 할 수 있다." 그에게 아테네 외교관들과 멜로스인들의 대화를 담은 투키디데스의 저서를 다시 읽고 참회할 것을 권한다.[19] 가우스는 "많은 사람에게 중요한 설명 변수는 사회생활을 공유하는 사람들의 규범적 기대에 대한 반응"이라고 설명한다.[20] 여러 번 언급했지만 완벽한 사회과학으로 해석되는 게임 이론에 기반해서는 아니지만, 동의하는 바다(가우스가 존경하는 내 지인 긴티스와 볼스는 이해하기 위해 노력을 기울인다. 보다 합리적인 버전인 Field 2003을 권한다[21]). 그는 "타인의 타당한 기대에 민감한 사람의 경우가 아니라면 일반적으로 일상에서 도덕적 행동에 절제나 용기, 심지어 '보통의' 선과 같은 덕목이 필요하다는 것은 거짓이라고 생각한다"라고 말한다.[22] 이처럼 타인 지향적이고 동시에 발생하는(예를 들면 공자나 애덤 스미스의 발달 관련 이야기와는 반대로) 내지 균형 개념인 '덕virtue'은 내가 알고 있는 제럴드 가우스를 비롯한 대다수 괜찮은 사람을 기이하게 특징짓는 것이다. 예를 들어 그의 저작을 특징짓는, 진실을 향한 용기 있는 추구는 그의 이론에 따라 순응주의자의 출세 제일주의로 격하될 것이다. "어떤 문화에서든 순응주의가 얼마나 중요한지 과소평가해서는 안 된다."[23] 그러므로 가우스도 이론상 생각할 때 분명 믿는 것이다. "내 생각에 대부분은 기본적으로 타인이 할 것으로 기대하는 바를 따르며, 그들이 믿는 것은 타인의 타당한 규범적 기대다."[24] 이건 최고라는 말을 해야겠다. 아니면 시금치이거나.

다만 경제학자로서 나는 가우스/노스/비키에리/애스모글루/긴티스 게임을 즐긴다는 점을 인정한다. 그리고 시금치도 좋아한다.

• • •

철학자 제니퍼 베이커Jennifer Baker는 제대로 알고 있다. 내가 철학에 잠깐 손을 댄 적이 있는데, 1994년 『경제학의 지식과 설득』에 가장 분명하게 반영되었다. 하지만 내가 어느 정도 알고 있는 오늘날의 진정한 철학자들, 가령 빌 하트Bill Hart, 존 넬슨John Nelson, 스티브 풀러Steve Fuller, 에릭 슐리에서Eric Schliesser, 로렌 로마스키Loren Lomasky, 우스칼리 마키Uskali Maki, 잭 브로멘Jack Vromen, 리처드 로티Richard Rorty, 마사 누스바움Martha Nussbaum, 데이비드 슈미츠David Schmidtz, 샘 플라이섀커 Sam Fleischacker, 앨프리드 서세도Alfred Saucedo, 아타나시오 에르난데스 Atanacio Hernandez 등에 비하면 내가 아마추어라는 사실을 잘 알고 있다. 철학자들에 대해 종종 놀라는 것은 분야가 분석 철학이든 대륙 철학이든 윤리에 대해서든 인식론에 대해서든 차이를 구분하는 능력이다. 이는 중요한 역량인 경우가 많다. 분석은 그리스어로 '나누다'라는 의미인데, 베이커는 가령 내 주장에 대해 "[부르주아 계약의 가설이] 피해야 할 9개의 '믿기 어려운 가정'"으로 깔끔하게 나누었다.[25]

여기서 베이커는 "자신이 '가지지 못한 자'인데 '가진 자'에 대해 어떻게 생각하는지" 물으면서 (꽤 일리 있게) 이 질문이 "매클로스키의 접근에 빠져 있다"라고 지적한다.[26] "비부르주아 가치는 온전한 철학적 전망에 해당한다."[27] 동감하며 (도널드 트럼프의 해외 무역 관련 견해처럼) 계속 떠올라서 반박하기 위해 3부작을 집필하기에 이른 것이다.

"매클로스키가 가진 게 없는 독자를 위해 어떻게 이 글을 썼는지 모르겠다."[28] 주로 식자층을 대상으로 글을 쓰고 있음을 인정하며 부르주아에 대한 혐오를 잊기 바란다. 나는 부르주아를 대상으로 말하므로 자신의 도덕적 의지에 대해 진지해지는 것을 사과하지 않아도 된다. 하지만 나는 빈곤층을 향해서도 글을 쓸 수 있으며, 그녀의 제안대로 그래야만 한다. 결국 나는 빈곤층을 돕고 나의 조상을 비롯해 빈곤했던 우리의 모든 조상을 기리기 위해 경제학에 발을 들여놨으며 여기에 머물러 있는 것이다. "이 세상 재화의 불평등한 분배가 인간이 접근할 수 없다는 이유에서 효과적으로 간주되는 것은 매우 특정한 시각이며 상업적으로 검증된 향상을 지지한다."[29] 그렇다. 이는 특별히 경제학에 대한 현대적 시각이며 심지어 슘페터주의적이다. 롤스에게서도 발견할 수 있다. 실제 빈곤층에는 그리 호소하지 않으며 그저 자칭 좌파나 자유주의로부터 방어한다는 사람들에게만 호소할 뿐이다.

하지만 이는 하이에크가 위대한 사회라고 표현한 바를 지지하는 이데올로기, 프로그램에 빈곤층을 포함시켜야 하는 이유다. 최근 베네수엘라 경제의 철저한 파괴나 1978년 이후 중국 해안 지역이 놀라울 정도로 부유해진 사례, 오늘날에도 대다수 미국인이 아메리칸 드림을 성취한다는 사실과 같은 전시 효과가 충직한 부르주아 이데올로기를 지지한다. 하지만 사도 바울은 "믿음은 우리가 바라는 것들을 보증해주고 볼 수 없는 것들을 확증해줍니다(「히브리서」 11장 1절)"라고 말했다. 믿음을 지켜야 한다. 어려운 일이지만. 1929년 최악의 수준이었던 금융위기가 지나간 후 2008년에도 꽤 심각한 위기가 닥쳤으며, 2020년에는 코로나19 사태의 후유증에 시달리는 가운데 연약한 믿음이 부르주아 계약을 무너뜨리고 있다(그녀는 이를 '매우 특정한 시각'이라고 불렀다). 서민층이 포퓰리스트에게 표를 던지면서 도전을 받고 있다. 사실 1848년 이후 시장, 은행가, 소외, 불평등, 일자리 부족 같은 끔찍한 문제에 대해 지식인이 불완전한 경제를 바로잡도록 하려면 무엇을 생각해야 하는지 서민층에 유익한 설명을 한 좌파 지식인들에게 항상 도전을 받았다. 한편 그 불완전한 경제는 서민층에게 1인당 실질소득 3,000퍼센트 증가를 가능케 했다.

베이커는 '특정한 시각'의 설명을 가지지 못한 자들이 인식하는 데 문제가 있다고 생각한다. "오늘날 베네수엘라가 겪고 있는 공포가 저임금 노동자들에게 우리가 맺고 있는 [부르주아] 계약이 공정함을 설득하는 데 사용된다면 그러한 전환에서 저임금 노동자가 잃을 것이 별로 없음을 기억해야 한다."[30] 베이커가 주장하는 바를 이해한다. 마찬가지로 1889년 연설에서 독일 의회에 노령연금안을 통과시킬 것을 촉구하던 오토 폰 비스마르크Otto von Bismarck의 주장도 이해한다. "[당시 독일 제국에서 60세가 넘는 남성 인구 전체에 해당하는] 70만 명의 연금 수급자가 특히 격변으로 인해 잃을 것이 별로 없는 계층에 속해 있다면, 국가에서 연금을 받을 때 큰 이점이 있을 것이다."[31] 빈곤층은 혁명이 삶을 더 낫게 만들 거라고 생각하곤 한다. 아니, 대체 무슨 생각이람. 일반적으로는 혁명이 모두를 비참하게 만듦으로써 빈곤층의 삶을 상대적으로 더 '낮게' 만드는 것일 뿐이다. 은행가를 가로등에 매달고 부자들의 집을 습격한다. 그러고는 1인당 실질소득이 1959년 이후 제자리인 쿠바처럼 가난에 빠지고 마는 것이다. (다만 일부 빈곤층과 대다수 좌파 지식인이 여전히 쿠바를 근로자의 천국으로 여긴다는 베이커의 지적은 옳다. 이들이 쿠바를 방문해서 실상을 직접 보고듣기를 바란다.)

내가 주장하는 바와 베이커가 결국 주장하려는 것으로 생각되는 바는 이러한 문제의 철학이 딕 로티Dick Rorty의 말대로 사람들이 훌륭한 삶을 살며, 질투하는 죄악을 맥스 U의 '용인 가능한 기호'로 용인하지 않도록 교화시키고 설득하는 것이다. "마치 원래 [부르주아] 계약의 조건과 규범적 콘텐츠가 불화를 일으키는 듯 매클로스키가 비엘리트, 비부르주아 기풍을 아직 마주치지 못했다고 생각한다."[32] 사실이다. 하지만 우리의 임무는 교화, 즉 빈곤층(과 식자층, 부르주아)의 생각을 바꾸는 것이다. 빈곤층이 부르주아 정신을 받아들이고 부르주아를 존경하기를 바란다. 영광의 왕을 존경하는 소작농, 톨레도의 가난한 미국인 근로자, 네오파시즘에 도취되어 부자 도널드를 존경하는 사람들과 같은 부정적인 버전도 있다. 이는 자유 이데올로기가 아니다. 물론 이데올로기이기는 하며 빈곤층에게 호소한다.

하지만 일반적으로 미국 근로자들은 남을 부러워하지 않으며 이런 점에서 유럽, 아시아, 아프리카의 빈곤층과 구별된다. 미국인들은 보통 부르주아이며 가난한 미국인들조차 그렇다. "엘리트와 식자층이 아닌 저임금 근로자가 부르주아 계약 이후 이미 받은 것에 만족하는가?"[33]

물론 만족하지 않는다. 누구도 만족하지 못한다. 나도 더 얻어야 하고, 그건 당신도 마찬가지다. 다른 사람들에 대해서는 잘 모르겠다. 하지만 교화하는 임무는 진보주의나 트럼프주의처럼 상대를 질투나 분노에 불타오르게 만드는 것이 아니라, 세상을 부유하게 만드는 이데올로기로 설득하는 것이다.

베이커는 "내 주장에서 가장 대담한 부분은 저임금 근로자와 실행 가능한 계약을 맺기 위해 네 번째 수정하는 것이다. 바로 철학적으로 소통하는 것이다. 개인의 가치나 삶의 방식이 아닌 공동의 복지와 우리가 타인에게 신세 지고 있는 것에 대해 소통하는 것이다"라고 말한다.[34] 맞다. 교화다. "물론 나 같은 윤리학자는 윤리적 설명을 위한 역할을 찾을 것이다."[35] 맞다. 나 역시 윤리적으로 정당한 이유를 찾았으며 대부분을 『부르주아 덕목: 상업 시대를 위한 윤리The Bourgeois Virtues: Ethics for An Age of Commerce』에서 설명했다. 신이 인간에게, 보다 정확하게는 위대한 사회가 국민에게 행하는 방식을 정당화하기 위해서다.

베이커는 "매클로스키가 서민층에게 [상업적으로 검증된 개선의 위대한 사회를] 설득하고 그들이 관심을 갖도록 만들 수 있을지 의문이다"라고 말을 잇는다.[36] 솔직히 그러기를 바란다. 베이커의 비판을 받아들여 향후 서민층에 도달하는 방법에 대해 더 고민하겠다고 약속한다. 사실 좌파 지식인에게 닿으리라고는 생각하지 않는다. 식자층은 강성 좌파의 상의하달식 조건이나 연성 좌파의 '좋은 게 좋은 것'이라는 식의 조건에서만 연대를 꿈꾼다. 레닌주의와 당의 주축을 식자층이 맡았던 것을 생각해보라.

나는 이미 서민층에 도달하는 것과 관련해 간단한 아이디어를 가지고 있다. 오래전 아이오와대학교의 정치 이론가 존 넬슨에게 배운 것으로, 영화와 록 음악을 만드는 인기 예술가들이 이데올로기를 형성하는 사람들이라는 것이다. 철학, 경제학, 사회학, 정치학 교수들은 으스댄다. 하지만 교양 없는 예술이야말로 이데올로기가 살아 있는 현장이다. 컨트리 뮤직이 그런 예다.

베이커는 "매클로스키가 저임금 근로자가 오늘날 사회에서 존엄성의 심각한 상실로 고통받는다는 점에 동의하게 하려면 어떻게 해야 할까?"라고 묻는다.[37] 역사로 이를 뒷받침하면 되겠지만 실제로 그런 일은 일어나지 않았고 하워드 진Howard Zinn이나 찰스 셀러스Charles Sellers의 우화에 등장할 뿐이다(이는 좌파의 예시이고 우파에서는 트럼프의 유언비어 유포와 비교할 수 있을 것이다). 저임금 근로자들은 완전히 무시되었기 때문이다. 흑인들의 예를 보라. 거의 모든 조상도 마찬가지다.

이와 유사하게 베이커는 각주에서 "시장에서 '소작농의 시각'은 현실적인가, 아닌가?" 묻는다.[38] 나사렛 예수가 마주쳤던 것과 같은 제로섬 사회에서는 현실적이지만 대략적으로만 그렇다. 대대적인 증가가 없더라도 거래를 통해 적당한 이익이 발생하며 목수였던 예수는 이를 분명 알았을 것이다. 하지만 대풍요로 인한 30~100배의 이익을 이해하려면 상업적으로 검증된 향상을 지지하는 이데올로기가 필요하다. 이데올로기가 모든 세부 사항 측면에서 정확할 필요는 없지만, 그래도 이데올로기여야 한다. 언젠가 나는 다음과 같이 지적했다.

마르크스주의자는 그러한 향상의 수용을 '허위의식'에 찬 사기라고 부른 다. 이데올로기는 좋든 나쁘든 간에 사기일 뿐이다. 정신과학에서는 허 위의식을 '통찰력의 부재'라고 부른다. 환자가 정신과학자의 이데올로 기에 동의하지 않는다면 그러한 부재를 드러내는 것이다. 하지만 민주 주의의 대중이 향상을 받아들이지 않는 한 포퓰리스트나 볼셰비키, 파 시스트에 이끌려 봉기하고 거위를 죽일 수 있다. 이는 또 다른 사기이며 더 나쁜 결과를 낳는다. 황금 거위를 죽이는 것은 빈곤층에 절대 좋은 일이 아니다.[39]

15장

사회학자나 정치철학자의
의심 역시 설득력이 없다

위대한 사회학자 잭 골드스톤이 책을 오해했다고 주장할 수는 없을
것이다. 그의 명료하고 우아한 요약은 학자의 절제를 드러냈다는 점에
서 상을 줄 만하다. 골드스톤은 내 주장을 다음과 같이 요약했다.

현상이 엘리트의 이익에 부합할 때 엘리트가 변화를 가로막는 것을 어
떻게 막을 수 있을까? 평범한 사람이 독립적으로 행동하고, 독창성과
혁신을 존중받아야 하며, 자유롭고 공정한 시장에서 제공하는 활동으로
(대부분) 이익을 얻을 수 있어야 한다고 주장한다.[1]

정확한 지적이다.

하지만 골드스톤은 가우스와 마찬가지로 내 주장이 모두 옳은지 의문을 표한다. "잉글랜드에서 부르주아의 가치에 대한 수사 변화가 다른 나머지 사례와 달리 진행되어 여전히 일반 시민을 조롱하는 소수의 특권 상인 집단을 형성한 이유는 무엇인가?"[2] 이는 중요한 질문으로, 나는 책의 이곳저곳에서 개괄적인 답변만 제공했을 뿐이다. 예를 들어 1625~1688년 스튜어트 왕조와 의회의 갈등에 이어진 사건을 언급하며 네덜란드 공화국의 자세한 부르주아 사례를 다뤘다. 찰스 1세와 특별히 제임스 2세가 각자의 아버지와 그토록 유사하지 않았다면(스코틀랜드의 제임스 6세는 잉글랜드의 제임스 1세로 '기독교 왕국에서 가장 현명한 바보'라고 불린다) 상황은 달라졌을지 모른다.

다른 의문은 보다 근본적이다. 골드스톤은 "역사에서 앞서 성공 사례가 없다는 점을 고려할 때 수천 번 실험해 마치 웨지우드가 재스퍼 블루를 만들듯 새로운 제품이나 절차를 만드는 것이 혁신을 위한 최고의 방법이라는 주장을 어떻게 믿을 수 있을까?"[3] (522쪽 매클로스키의 주장). 따라서 그는 "특별히 생산적인 혁신을 이끌어냈다고 볼 수 없으며 다른 요인도 발생했음이 틀림없다"라고 주장한다. 특히 골드스톤, 조엘 모키르, 마거릿 제이컵이 과학 혁명과 산업 계몽주의에서 유럽에 특별하다고 강조한 새로운 공학 문화가 그렇다.[4] 그의 주장이 설득력 있기는 하지만, 실험에 대한 집착이 오늘날 우리에게 과학적 문화에 대해 많은 내용이 알려져 있지 않은 다른 문화의 여러 사람(마야, 중국인, 비잔틴)을 특징짓지 못한다는 점을 내포하고 있다. 칼을 휘두른 일이든 대규모 축제든 실험이든 활동에 대한 보편적인 존중은 청년들의 야망을 자극하는 것 아닌가?

잠시만. 내 주장에 관한 골드스톤의 첫 번째 의구심은 엘리트가 일반으로 진보를 중단하지만 영국에서는 그렇지 않았다는 점이다. 그러나 책에서 내세우는 부르주아 재평가는 사실상 보호주의 이데올로기를 뒤집었으며 자유주의 이데올로기, 즉 내가 '자본주의'라는 어리석고 호도하는 단어 대신 사람들이 사용하기를 바라는 '혁신주의'로 대체했다. 그러한 일이 어떻게, 무슨 이유로 일어났는지 살펴봐야 한다. 책의 역할이 그것이다. 영국에서 엘리트가 진보를 중단시키지 않았다는 관찰을 바로잡기 위해 책은 공학 문화에 다수의 혁신가가 필요했으며, 그 중에는 탁월한 토머스 뉴커먼Thomas Newcomen, 존 스미턴John Smeaton, 낸시 카트라이트Nancy Cartwright도 포함되었음을 주목한다(629~630쪽 등). 대규모 혁신은 자유주의를 주된 명분으로 정확히 요구해, 일반 사람들이 도전할 수 있게 한다. 아니다, 아니다. 더 중요한 점은 당시 활기 넘치는 영어권 국가가 아닌 정체되어 있던 이탈리아나 프랑스, 심지어 (18세기) 네덜란드에서 강력한 과학, 공학 문화가 조성되었다는 것이다.

골드스톤은 "하나의 주된 원인 없이 사상, 제도, 자본에 서로 연결된 여러 변화가 일어나 상호 교류의 선순환을 형성하는 경우도 있지 않은가?"라고 묻는다.[5] 내가 '단일 주원인'에 집중하는 이유에 대해 묻는 사람들이 종종 있다. 그러면 나는 우리가 과학에서 그러한 원인을 찾는다고 답한다. 하나, 둘 혹은 셋으로도 충분하다면 그렇게 말하면 된다. 쿨롱의 법칙Coulomb's Law은 양전하를 띠지만 질량이 크지 않은 서로 가까운 구들 사이의 반발이 중력보다 훨씬 강하다는 것을 시사한다.

따라서 두 물체가 서로에게서 멀어지는 가속도를 계산할 때 상쇄하는 미미한 중력을 무시할 수 있다. 나는 2010년 『부르주아 존엄성』에서 대풍요에 대한 제도, 자본 등 다른 유물론적 설명을 소개하고 정량적으로 유효하지 않으며 대략적인 정도에도 미치지 못한다고 설명했다. 자유주의에 좌우되거나 실제로는 필요하지 않거나 경제적 매력이 미미하거나 유럽의 다른 여러 지역에서 적절한 '수평적 조건'하에서 발생했다(낸시 카트라이트, 제러미 하디Jeremy Hardie가 카트라이트의 정교한 인과 철학에 적용).[6] 따라서 우리에게는 북서유럽에 대한 하나의 원인이 남으며, 특히 우리 같은 영어권 사람들에게는 운 좋게도 영국의 자유주의다.

골드스톤은 내가 노스와 애스모글루 같은 신제도주의자와 벌이는 언쟁 또는 골드스톤과 모키르의 분위기에 언쟁을 벌인다. 그는 논평 초기 버전에서 "제도는 법이나 관습으로 성문화된 적합한 행동에 대한 단순한 아이디어로서 규범적 행동이 된다. 적절한 규범적 행동의 정의에 대한 아이디어에 중대한 변화가 있다면 제도 역시 변화한다"라고 밝혔다. 그의 지적은 신제도주의에 대해 내가 반대하는 유의어 반복 문제를 잘 보여준다. 골드스톤은 제도를 인간의 생각에서 나오는 모든 것으로 정의한다. 그러고 나서 우리는 생각의 변화를 인과관계로 반영한다. 아이디어에 대한 모든 변화가 우리가 '제도'라고 부르는 바에 규범적으로 성문화되어 있기 때문이다. 자유주의 사상을 인과관계로 간주하는 것에 대해서는 여기까지 하겠다. 이상이 내가 증명하려던 내용이다.

유의어 반복은 신제도주의 모임에서 인과관계의 불필요한 여러 주장을 가능케 한다. 골드스톤의 경우를 예로 들면 그는 "아메리카 식민지의 건설, 스페인과 프랑스를 상대로 한 주요 승리, [1815년 6월 18일까지는 최종적으로 마무리되지 않은] 유럽의 균형 변화와 영국의 강대국 부상"을 "영국에 '대풍요' 이전에 중요하거나 신속한 제도 변화가 없었다고 주장하기 어렵다"는 증거로 제시한다.[7] 로널드 핀들레이Ronald Findlay와 케빈 오루크Kevin H. O'Rourke가 신중하지 못한 저서를 통해 다룬 권력과 부라는 주제가 범주 오류에 지나지 않는 이유를 설명해야만 한다.[8] 세력이 강해지더라도 다른 상대에 대한 폭력으로 부유해지지 않는 이상 큰 부를 누릴 수는 없다. 1800년 이후 극적으로 포지티브섬으로 세계에서 큰 부를 누리지 못했으며 이전의 제로섬 세계에서도 마찬가지였다. 정복은 훌륭한 사업 계획이라 할 수 없다. 17세기 스페인과 오늘날의 러시아에 물어보라.

유의어 반복의 마법을 보여주는 또 다른 사례는 네덜란드의 영향으로 국채를 발행하면서 자본시장이 형성되었다는 여러 경제사학자의 주장이다. 네덜란드에서는 국채 덕분에 빌럼 2세와 앤 왕, 이어 하노버 왕가가 6월의 워털루 전투까지 스페인, 프랑스에 맞서 끝이 보이지 않는 전쟁을 치를 수 있었다. 그런데 국채로 자본을 조달해 무익한 전쟁을 통해 자원을 낭비하는 것이 민간 투자를 몰아내는 효과를 냈을 뿐이라는 점에 대해서는 한 번도 설명된 적이 없다. 18세기 후반에는 운하 건설을 위해 자금이 투입되었다. 신제도주의자들의 주장에서는 전쟁이나 국채를 '제도'라 부르고 유의어 반복 부명제를 적용하며 제도가 '중요하다'라고 당당히 결론 내린다. 이 과정에서 사상이 역사에 미친 영향은 젖혀두고, 성가신 경제 논리나 통계 측정은 따질 필요가 없다.

하지만 골드스톤은 이보다 낫다. 나는 그가 과학 혁명에 대해 밝힌 바와 같이 역사적 사례를 정확하게 사용한 것을 경이롭게 여겼다. 예를 들어 그는 조엘 모키르의 의견에 동의하며 "프랜시스 베이컨Francis Bacon 시대에는 인류가 이전보다 더 가치 있고 강력한 정보를 구축한 미래를 그릴 수 있었다"라고 밝혔다.[9] 현재 우리는 과학 전통의 도래가 유럽의 독특한 현상이었음을 완전히 신뢰할 정도로 다른 지역의 과학, 지적 생활에 대해 조지프 니덤Joseph Needham 이후 지난 수십 년 동안 중국 과학과 기술 역사를 대대적으로 수정한 경험을 떠올리면 비유럽인에 대한 실질적 지식이 충분치 않은 상태에서 유럽의 우월성을 사실로 받아들이는 것에 주의를 기울여야 한다. 아무튼 발전에 대해 "이렇게 생각해볼 수 있다"고 가정한다면 제도가 아닌 이데올로기 변화를 다루는 것이 아닌가(유의어 반복이 아닌 맥락에서)? 골드스톤과 모키르가 동의하리라 생각한다. 교회나 수도원, 오래된 대학 등 현존하는 제도는 진보 사상과 사력을 다해 싸웠다. 그리고 전사했다.

골드스톤, 모키르, 제이컵이 과학 혁명과 계몽주의를 강조할 때 큰 문제는 이것이 범유럽 운동으로서 영국에만 국한되지 않는다는 점이다. 갈릴레오 갈릴레이Galileo Galilei와 예카테리나 2세는 분명 영국인이 아니었다. 그러나 1851년까지 엄청난 수준의 대풍요를 이뤘다. 음악 부분에서 선진적 형태의 혁신은 이탈리아와 독일에서 일어났을 뿐 네덜란드와 영국이라는 대풍요의 심장부에서는 아니었다. 한편 샤를마뉴 제국의 잔재가 당시 계몽된 것은 분명하지만 부유해진 것은 나중의 일이다.

1851년 이전 "과학 분야의 발전은 혁신에 대한 열망을 고취하고 혁신을 실현하는 방법을 제공했지만 경제를 변화시킬 발전에 이르지는 못했다"라고 골드스톤은 지적한다.[10] 이에 대해서도 대부분 동의한다. 경제적으로 중대한 과학적 성취가 일어난 시기는 20세기라고 본다. 이전에도 청년(남성과 일부 여성)에게 영감을 주었지만 경제적으로 큰 영향은 없었다. 영감과 훗날의 영향력조차 성공 기회의 대대적인 확장과 자유주의에 달려 있었다.

내가 강조하는 자유주의는 대다수 학생의 관심사에서 벗어나 있다가 1890년대 역사 유물론에서 처음으로 유럽인들의 관심을 끌었다. 결국 나는 골드스톤이 의견을 같이하리라 생각한다.

● ● ●

정치철학자 소냐 아마데이Sonja Amadae의 주장은 나의 주장과 정확하게 일치한다(따라서 의견이 일치하지 않는 부분만 언급할 것이다). 이를테면 신자유주의, 가우스가 선호하는 게임 이론, 스미스와 밀의 '도덕 의지를 아우르는' 고전 자유주의의 부활에서 그렇다. 밀에 대한 주장은 학계에서 일반적인 것이며 윤리가 경제학을 뒷받침한다.[11] 가우스와 때로는 모키르에 대해 "신자유주의 제도주의자들은 행동을 위한 도덕적 이유를 배제하는 인센티브에 집중한다"고 지적한다.[12]

과거의 나처럼 그녀도 좌파 성향이다. 지금 나는 좌든 우든 국가 통제주의를 넘어섰으며 사람들을 좌파 혹은 우파 프로그램에 밀어넣기를 거부하는 진정한 자유주의의 동정심 많은 최신 유형이라 할 수 있다. 그러한 자유주의는 '변증법적'이라고 그녀는 말한다. 사실 아마데이는 내가 북유럽 국가의 사회민주주의를 긍정적으로 보는지 여부를 밝히기를 바란다. 북유럽과 미네소타에 대해서는 그렇게 할 수 있다. 거기에 거주한 적도 있으니. 이탈리아나 일리노이의 경우 부패가 주체할 수 없이 진행되지 않고 실현할 수 있는지 확신이 서지 않는다. 합리적인 이탈리아나 일리노이 사람이라면 빈곤층을 돕는 시늉을 하면서 스위스 은행 계좌와 위스콘신 사냥꾼 오두막에 축재하도록 지도자에게도 많은 자금과 권한을 주는 것을 원하지 않을 것이다.

글래드는 "매클로스키에게 발전 기회에 부유층을 최소한만 포함시킬 수 있도록 최소한의 안전망을 갖추는 노력을 이상과 함께 추구할 수 있는지에 대해 어떤 입장인지 묻고 싶다"라고 말했다.[13] 내 대답은 "그렇다"이다. 책에서 종종 언급했듯 나는 기독교 자유의지론자이거나 동정심이 가득한 고전 자유주의자이거나 자유와 존엄성을 지닌 평범한 사람들을 위한 자매와 같은 열정적인 팬이다. 그러한 입장에 근거가 필요하다면 『트루 리버럴리즘』을 참고하라.

또한 아마데이처럼 더 궁금하다면, 나는 '변증법적 자유의지론자'다. 다만 여러 책과 논문을 통해 지금까지 최고의 안전망은 역동적인 경제 성장이며, 이는 그 어떤 강압적인 이전이나 노조의 활동보다 훨씬 존엄성 있는 방법으로 근로자를 부유하게 한다고 주장해왔다. '자본주의'와 1850년대 자유화 이후 혁신적인 스웨덴 경제 등에서 누린 풍요는 세금으로 복지국가가 운영될 수 있도록 만들었다. 즉, 이탈리아나 일리

노이 정치인들이 돈에 먼저 손을 대지 않고도 그런 일이 가능하다.

내가 아마데이의 저작물을 읽어야 한다는 것이 분명하며, 그러겠다고 약속한다. 하지만 내가 그렇게 하지 않았다는 것에 대해 아마데이가 (이유 있는) 짜증을 내는 것을 알고 있다. 또 한편으로는 그녀 역시 나의 3부작 중 다른 책을 읽지 않은 것이 꽤 분명해 보인다. 많은 지적이 나머지 책에서 예상되거나 답변되었기 때문이다. 우리가 서로 공감하는 문제를 지지하면서 아마데이는 "규정 준수, 노력, 약속, 충성, 신뢰와 같은 비결과주의 행동의 형태는 이를 만족시키는 선호와 무관하게 행동의 이유에 따라 달라진다"라면서 센, 하우스만, 히스를 인용했지만, 센의 '노력'보다 철학적으로 미묘한 가치—윤리 접근을 통해 명제를 정확하게 다루는 매클로스키(1994b)나 축약된 형태의 1994a는 인용하지 않았다.[14] 그녀는 내가 "이 주제에 대한 당대의 논쟁에 얽혀 있는 복잡한 문제에는 관여하지 않는다"라고 밝혔다. 만약 『부르주아 덕목』을 읽었다면 그러한 지적이 실수라는 것을 알았을 것이다. 다만 그녀가 생각하기에 '복잡한 문제'는 분석철학에서 특정한 일상적 게임에 주력하는 일부 경제 방법론자 집단에 한정된 것으로 추정된다[15] (만약 『경제학의 지식과 설득』(1994b)을 읽었다면 그러한 일상적 게임의 가치에 대한 상세한 결론을 접했을 것이다). 그녀는 내가 "자본주의 역사를 설명하기 위해 당대에 벌어지는 논쟁의 요점에 외과적으로 전념하기를 문학적으로 묵살했다"라고 추정하면서 알쏭달쏭한 문장을 통해 비판했다.[16] 일상적인 분석철학이 '요점'에 이르는 유일한 길인지, 내가 문학과 역사에서 증거를 사용한 데 심기가 불편해진 것 같다. 나는 생각이 다르다. 의식을 고양하는 데는 여러 길이 있다. 하지만 그녀는 리처드 로티도 받아들이지 않을 것 같다는 생각이 든다.

게다가 그녀는 내가 부르주아가 발전하고 "절제와 신중함의 올바른 덕목"을 드러냈다고 주장했다는 가우스의 베버주의 실수를 되풀이했다.[17] 그렇지 않다. 부르주아는 항상 그랬다. 고대 로마든 오늘날 뉴델리든 성공한 상인들을 가리킨다. 변한 것이 있다면(그녀는 동일한 문장에서 베버의 개념을 뒤섞어 썼다) "인간 존엄성과 자유에 대한 사회의 의지"다. 한마디로 자유주의다.

여기에 언급된 검토자들이 경제 철학의 대부분을 다룬 『부르주아 존엄성』이나 도덕철학의 대부분을 다룬 『부르주아 덕목』을 읽거나 적어도 구입했더라면 좋았을 것이다. 하지만 700페이지라는 분량이 많다는 것은 인정하며 1,700페이지는 용서하기 어려운 수준이다. (아마데이는 내가 하버마스를 인용하지 않았다고 지적했는데, 1980년대와 1990년대에 내가 수사학에 대해 쓴 글은 말할 것도 없고 『부르주아 존엄성』 395와 535쪽도 놓친 것이 분명하다. 모두 존경하는 위르겐 하버마스Jurgen Habermas를 상당 부분 인용하는 데 할애했는데 말이다. 독일 사회학자이자 철학자인 하버마스의 글이 일반적으로 읽히지 않는 이유는 그의 글을 읽어낼 수가 없기 때문이다.) 검토자들이 읽기를 합리적으로 기대하는 수준보다 훨씬 많다. 그럼에도 약간이나마 읽었다면, 내가 했다고 그녀가 추정하는 어리석은 주장으로 짜증 내는 일이 줄었을 것이다.

그녀가 더 낫다고 평가하는 것이 분명한 앞선 원고에서 인용하자면, 아마데이는 내가 "사례를 치밀하게 제시하지" 않았다고 생각한다. 이는 그녀가 『부르주아 존엄성』에 대해 알지 못한다는 것을 보여준다. 다시 말하건대, 이해할 수 있는 상황이며 '치밀하게 제시한다'는 말에서 그녀는 의식을 고양하는 모든 주장과 증거로 진지하게 소통하는 것이 아닌 일반적인 분석철학을 의미하는 것이다.[18] 그녀는 "자본주의가 통계적으로 평균 수치만 더 나을 뿐이며 경제성장에 비용을 치르는 사람들이 있음을 매클로스키가 알기를" 바란다.[19] 그러한 발언은 "단지" 정량적 또는 경제적 사고에 열려 있지 않은 정치 이론가의 발언이다. "통계적으로 평균 수치만 더 나을 뿐"이라는 말은 내가 치밀하게 입증했듯, 1800년부터 오늘날까지 1인당 소득이 1만 퍼센트 증가했고 "경제성장의 비용을 치르는 사람들"을 찾는 일이 불가능에 가까운 수준임을 뜻한다.[20] 100퍼센트에서는 찾을 수 있지만 3,000퍼센트에서는 가능성이 희박하다. 1만 퍼센트라면 더 말할 필요가 없다.

물론 대풍요는 '포괄적'으로 진행되었다.[21] 엔지니어의 규모 감각을 무시하는 사람만 다른 생각을 할 것이다. 전체 수입 분배는 급격하게 증가해 가령 핀란드에서 조상들보다 키가 작거나 수명이 짧은 사람, 1866~1868년 핀란드인보다 굶주림에 노출될 가능성이 높은 사람, 1921년 의무출석법이 제정되기 전의 핀란드인보다 문해 능력이 떨어지는 사람을 찾는 일이 사실상 불가능해졌다. 경제적으로 생각하면 기존 농민들은 개발자에게 토지를 팔고 풍요를 누렸다. 자동차의 발명으로 마구를 제작하는 사람들이 입은 손실은 다른 사람들이 얻은 이익으로 충분히 상쇄되었으며, 심지어 오늘날 마구 제작자는 포드 자동차를 타고 다닌다. '단순한' 양적 성장 덕분에 농민이든 마구 제작자든 관계없이 사실상 모든 핀란드인이 훨씬 더 건강해졌으며 기근에 시달리지 않았고 99.98퍼센트가 문해 능력을 갖추었다.

그럼에도 아마데이는 좌파 역사의 관례를 받아들이는 태도에서 쉽사리 움직이지 않으리라 생각한다. 그녀는 내게 마르크스 역사와 경제학에 답하라고 요구한다. 하지만 마르크스주의에 대한 상세한 답변은 3부작에서 다룬 주요 주제 중 하나이며, 1968년 이후 내가 학자로서 매진한 분야이기도 하다.[22] 1954년 하이에크가 지적했듯 좌파는 '자본주의'를 설명해야 하는 원죄가 있다고 생각하는 모양이다(사실을 말하자면 영국인이 '발명'한 것은 아니다). 아마데이도 마찬가지다. 그러한 역사에는 결함이 있으며 3부작에 잘 설명되어 있다. 내가 부단히 노력하고 있기는 하지만, 누구도 위부터 아래까지 결함 있는 역사적 주장에 답변할 수는 없다.

마르크스주의 방식이든 그 영향을 받은 사람들의 방식이든, 그녀는 내가 노예무역을 무시하는 것으로 보고 혹독하게 비판한다. 그러한 비판은 역시 3부작의 다른 책을 접하지 않았음을 반증한다. 그녀는 "노예가 된 아프리카계 미국인들은 참혹한 불평등을 겪었으며 이는 분명하키채 모양의 급격한 상승과 관련된 중요한 풍습이었다(셔우드, 2007; 뱁티스트, 2014)"라고 자신한다.[23] 마리카 셔우드Marika Sherwood와 에드워드 뱁티스트Edward Baptist 등 많은 사람이 노예제가 중요한 역할을 했다고 주장한 것을 나도 알고 있다. 또한 노예제와 같은 참혹한 불평등을 비판하면서 도덕적으로 고결한 감정이 든다는 것도 안다(《어메이징 그레이스》의 노랫말을 쓴 존 뉴턴John Newton과 영국의 정치가 윌리엄 윌버포스

William Wilberforce 같은 여러 부르주아가 그런 점을 우리에게 일깨워줬다). 하지만 노예제도가 대풍요의 중요한 원인이라는 판단은 (링컨의 재선 연설에 그러한 신념이 고결하게 구현되어 있긴 하지만) 경제학에서나 역사학에서나 타당성이 떨어진다. 그러한 견해에 반하는 사실적 주장이 20가지가 넘는다. 아마데이가 노예제에 관해 자신의 정치적 안전지대 바깥에 있는 글을 읽는다면 이를 알게 될 것이다.[24] 우선 노예제는 서양의 성장에 필요한 요소가 아니었으며, 노예제가 폐지된 후 성장이 가속화된 것이 그러한 예다. 또한 1870년 아메리카 남부의 면화 산출량은 1860년 노예제가 유지될 때와 비슷한 수준이다. 영국과 미국은 부르주아 '자본주의' 사회였으며 이들은 "어떤 이는 이익을 보지만 다른 이는 부담을 걸머져야만 하는 합법화된 노예제"를 폐지하기 위해 노력했다.[25] 이 대목에서 좌파인지 우파인지 상관없이 공통적인 주장을 할 수 있다. "나는 X라는 정치적 신념을 굳게 믿는다. 누군가가 X에 동의하는 것으로 보이는 말을 했다. 따라서 더 볼 것 없이 우리는 같은 입장이다. X는 명백하게 옳으며 X가 아닌 말을 하는 사람은 적이다. 매클로스키는 내 적이다." 적에게서 배우기란 어려운 법이다.

이번에도 그녀는 내가 불평등 문제를 다루지 않는다고 비난한다. 그러한 비난은 유행하는 방식으로, 자기비판이 없는 좌파의 주장이다. 사실 나는 불평등 문제를 논의 대상인 바로 그 책에서 집중적으로 다루었으며 토마 피케티Thomas Piketty의 저서에 대한 긴 리뷰에서 신랄하게 비판하고, 리뷰의 수정한 버전을 『트루 리버럴리즘』에 담았다.[26]

그럼에도 아마데이는 좌파의 클리셰를 더 이상 사용하지 않으며 훨

썬 마음에 드는 페이지에서 논의를 이어간다. "매클로스키의 주장이 '자유' 또는 인간 존엄성을 온전히 정의하거나 설명하지 않는다는 점에서 불완전할지 모른다"[27](그녀의 주장은 옳지 않지만 여기서는 넘어가기로 한다). 그녀는 애덤 스미스가 두 가지 미시 원칙을 제시했는데, 하나는 절제이고 다른 하나는 공정한 관찰자라고 정확하게 지적한다(그녀가 기억하고 있는 '공정한 심판'이 아니다. 과학적 논쟁에서 그러한 표현을 확인하는 것이 신중한 태도일 것이다). 두 원칙은 거시적 결과를 낳는다.[28] 나는 이에 대해 "스미스에게는 다른 보이지 않는 손, 즉 경제적 손이 아닌 사회적 손이 있다. 우리는 사회 무대에서 소통함으로써 사회의 예의 바른 구성원이 된다. 여기에서 '소통'이라는 단어에 주목하라"라고 밝혔다.[29] 따라서 아마데이는 내가 "도덕과 물질적 자기발전을 상호 보완적인 입장에 놓는 변증법적 구조"를 제안한다고 볼 것이며 나는 이를 기쁘게 받아들인다.[30]

16장

경제사학자의 의심조차
설득력이 없다

마침내 친애하는 조엘 모키르 차례가 왔다. 때로는 가시로 뒤덮인 그의 평론으로 인해 모키르와 내가 (정치적으로 모든 세부 사항은 아닐지라도) 경제학, 역사학, 경제사에서 실질적으로나 방법론적으로나 상당 부분 의견을 같이한다고는 짐작하기 어려울 것이다. 나는 사회과학에서 중요한 '우리가 조상들보다 부유한 이유가 무엇인가?'라는 질문에 주목하기 시작했다. 10년 뒤 모키르도 같은 문제에 주목하기 시작했고, 내게 많은 것을 가르쳐줬다. 그의 저서가 아니었다면 내 책도 나올 수 없었을 것이다.

모키르와 나, 몇몇은 마르크스부터 괴짜경제학Freakonomics에 이르는 생각 없는 주장에 함께 맞서고 있다. 모키르는 "매클로스키(511쪽)는 내가 '경제 변화는 대다수 경제학자의 생각과 달리 사람들이 무엇을 믿느냐에 달려 있다'라고 말한 것을 인용했다. 이 메시지(2010년 저서의 첫머리)는 의미하는 바가 명확하며 우리에게 역사 유물론의 유물을 없애기 위해 반복적으로 진술되어야만 한다"라고 밝혔다.[1] 모키르와 나는 성숙하지 못한 시기의 경솔한 유물론으로부터 막 빠져나온 경제사라는 소수의 관념적 학파를 함께 구성하는 골드스톤, 제이컵, 존스와 마찬가지로 사상이 대풍요의 증기력이었다는 데 깊이 동감한다.

모키르와 내가 의견을 달리하는 부분은 과연 증기력이 증기력이었는가 하는 부분이다. 즉, 모키르는 사람들이 대기 증기기관을 상상하도록 만드는 데 중요한 역할을 한다고 생각한다. 과학자들은 공기에 무게가 있고 응축된 증기로 생긴 진공 상태로 피스톤을 움직일 수 있음을 입증했다. 나는 우리가 단순히 나열하고 눈부신 칭찬을 늘어놓는 대신 경제적 중요성을 알려 혁신의 무게를 제대로 전달한다면 과학이 1900년까지는 경제적으로 큰 영향을 미치지 않는다고 생각한다. 이 시기까지 우리가 가진 부의 대다수, 그리고 오늘날에 이르는 일부는 기술과 과학기술 전문가, 종종 듣게 되는 '땜장이'가 기여한 결과다(마거릿 제이컵은 이 단어를 싫어하지만, 한편으로 엔지니어를 존경한다).

여기에서 과학science에 시비조로 대문자를 사용하는 이유는 독자들이 다른 위험한 단어인 과학기술scienceandtechnology를 쓰지 못하게 만들기 위해서다. 이 단어는 독일어 혼성어처럼 만들어진 말로, 과학자들이 그들의 일과 연관성이 먼 기술과 관련해 공을 다툴 때 사용된다. 물리학이 50여 년 동안 정체기를 겪은 것이 당황스러울(그래서 대부분의 물질과 에너지를 '암흑'이라 부르는) 유럽원자핵공동연구소CERN의 고에너지 물리학자들은 수십억 달러를 계속 굴리기 위해 과학기술이라는 단어를 쓴다.[2] (내가 아끼는 경제학이 소요된 시간으로는 물리학이나 천문학과 비교해 몇백분의 1 수준이지만 적대감을 불러일으키는 특성에서 면제되리라 생각하지 않는다. 만약 경제학에 10년의 시간을 더 투입했다면 경제성장에 대한 엄청난 이해가 축적되어 소립자 연구와 유인 화성 탐사 비용을 쉽사리 모았을 것이다.) STEM 분야에서 M에 해당하는 수학은 주로 그리스 스타일의 숫자 증명이나 사실상 응용이 없는 대수적 위상수학에 관심을 둔다.

나는 과학에 반대하는 것이 아니다. 그 점을 분명히 하고 싶다. 지구온난화를 믿고 원인과 해결의 평가에 관련된 과학을 실천하는 이성적인 사람으로서 과학에 반대할 이유가 없다. 또한 기존의 과학 그 자체에도 반대하지 않는다. 무엇보다 모키르와 나는 과학자이며 앞서 지적했듯 지난 150년간 영어에서 단어의 정의가 변화했다. 옥스퍼드 영어 사전 5b에 해당하는 뜻이 기이하게도 '일반적 용법'이 되었다(재미있게도 우리 둘 다 배우자가 5b에 해당하는 과학자다). 따라서 모키르와 나는 네덜란드 단어 geesteswetenschappen(정신과학, spirit sciences)을 즐겨 사용한다.

시민으로서 나는 아무리 과학이 쓸모없고 자유를 제한하고 위험하다고 하더라도 다른 사회 구성원들에게 재정적 지원을 요구하는 과학의 오만에 반대한다. 시에 보조금이 주어진다면 CERN에 수십억 달러를 추가로 지원하거나 우주 프로그램을 운영할 때보다 인간 복지가 향상될 것이다. 나는 그저 경제와 역사학자로서 상업적으로 검증된 향상을 이룬 풍요로운 현대 세계 전반에 대한 설명을 위해 과학자들의 주장에 맞서고 있다. 또다시 '과학기술' 문제다.

혹은 다소 색다른 경제적 주장을 하자면, 과학이 대풍요 초반의 수백 년 동안 막대한 재정을 조달해 독일 남자아이들이 베를린대학교에서 화학을 연구하게 하고, 미국 남자아이들이 아이오와주립대학교에서 유전학을 연구하게 하며, 이후에는 여자아이들까지 대학에 진학할 수 있게 지원하지 않았다면 과학 그 자체로 입증한 것은 거의 없었을 것이다(이 책에서도 그 부분을 살폈다). 게다가 자유가 제한된 세계에서는 자유로운 질문이 묵살되었을 것이다. 1900년경까지 수백 년 동안, 혹은 규모를 키워 1950년까지(페니실린, 제트 엔진)의 기간은 모키르가 그토록 열광하는 베이컨의 과학이 아닌 주로 기술이 기여한 것이다. 의심 없이 그는 "기센의 독일 화학자들이 발전시킨 유기화학은 공업과 농업에 지대한 영향을 미쳤다"라고 설명한다.[3] 하지만 경제적으로 말하자면 '지대한 영향'이 언제 발생했는가? 제라늄 호수로 알려진 빈센트 반 고흐Vincent van Gogh의 〈에오신 호수 합성 색상〉을 '지대한 영향'으로 생각하지 않는 한, 거대한 영향은 20세기 들어서야 대대적으로 사용된 프리츠 하버Fritz Haber와 화학비료(와 제1차 세계 대전 중 독성 가스) 이전에는 없었다. 화학비료와 독성 가스 모두에 해당하는 말이다.

조엘은 "매클로스키는 단순히 과학과 과학 혁명의 영향에 대해 '1960년대에 달 탐사 방법을 모색하려 할 때'까지 실체가 없고 실질적 가치가 없다고 가볍게 무시한다"고 주장한다.[4] 내가 실제로 주장한 내용은 다음과 같다.

모키르의 설명에서 프랜시스 베이컨은 뉴턴을 비롯한 과학의 여러 메시아에게 세례 요한과 같은 존재다. 하지만 메시아 그리고 뉴턴조차 게임이 후반에 접어들기 전까지 실질적인 기적을 거의 행하지 않았다. 예를 들어 1960년대에 우리는 달에 가는 방법을 모색하고자 했다. 그에 앞서 기술적으로 중요한 기적이 자유 사회와 자유화된 기술의 일반 광신도들 사이에서 발생했다. 부르주아 재평가는 평범한 사람들이 발전할 수 있도록 해방시키고 존엄성을 부여했다.[5]

그로서는 나를 전기, 접촉분해, 염료, 라디오, 비행기, 화학비료, 항생제 등 과학의 정점에서 막대한 투입으로 얻은 결과를 무시하는 일종의 미치광이maniak로 묘사하는 편이 더 쉬울 것이다. 실제로 나는 과학이 1900년경부터 경제에 큰 영향을 미치기 시작했다고 생각한다고 말했다. 이러한 생각을 그에게 인쇄물이나 개인 서신을 통해 여러 번 말했고, 여기에 실린 그의 단도직입적인 평론의 초고에 대한 대답에서도 밝혔다(결국 그는 내 답을 무시했지만). 달 탐사선을 발사한 시기는 아닌 것이다(물론 발사가 뉴턴의 운동법칙을 가장 대대적으로 적용한 사례임은 인정한다).

그는 내가 "산소를 발견하고 탄산음료와 지우개를 발명한 조지프 프리스틀리Joseph Priestley를 무시한다"라고 말한다.[6] 일단 나는 그런 적이 없다(287쪽). 또한 탄산음료와 지우개는 모키르의 과학 중시 견해와 반대로, 1900년까지 과학이 경제에서 큰 영향을 준 경우는 드물다는 것을 보여준다.

184

그러고 나서 모키르는 분노해서 과학을 방어하는 태세를 취하더니 "서양에서 베이컨 프로그램의 승리를 이끈 기술 발전과 담론에서 공식적이고 체계화된 지식 역할을 전혀 인정하지 않는 것은 지지할 수 없다"고 선언하기에 이르렀다.[7] (그가 다음에는 내가 요정과 점성술을 믿는다고 비난하지 않을까 했는데, 더는 나아가지 않았다.) 나는 우리가 부유해지는 데 과학이 한 역할을 한 번도 무시한 적이 없다. 모키르에게 다시 말하겠다. 이봐요, 이런 비난을 하다니! 모키르는 1800년 혹은 이전이라고 말하고, 나는 1900년 이후라고 말한 것뿐이다. 실증적인 문제이니 경제학 정신으로 따져보면 될 일이다.

종종 모키르는 이런 식으로 이유 없이 수사에 열을 올린다. 이유가 있다면 우려스럽게도, 내가 현대의 과학 숭배에 경건하게 임하지 않는 것에 분노해서 그런 것 아닌가 한다. 그 과학에서는 과학자가 인문학을 무시해야 한다고 여긴다. 내가 프리스틀리를 무시한다는 대목에서 모키르는 내가 "제인 오스틴에 대해 장황하게 쓴다"는 데 짜증을 드러내는 것이다. 자신의 가운을 걱정하는 과학자가 아닌 제대로 된 과학자라면 인문학을 범주 연구로 무시할 필요가 없다. 하지만 모키르는 오랫동안 나와 다른 이들에게 영문학을 무시하는 태도를 보였다. 나는 그가 무엇보다 지적 능력을 총동원해 귀를 기울임으로써 상이한 이해 방식을 받아들이기를 바란다.

물론 모키르는 훌륭한 경제사학자이자 기술사 연구자로서 지각 있는 사람이다. 그는 금방 한발 물러나 이렇게 썼다. "물론 처음에 과학의 실질적인 성과가 대단치 않은 수준이었다는 매클로스키의 지적은 옳다.

대풍요에 진보로 인한 최상의 결실을 맺은 여러 과학 분야는 생각보다 훨씬 엉망이거나 복잡한 것으로 드러났다. 18세기 뉴턴 이후 과학자들이 화학, 의학, 생물학, 농업과학을 뉴턴화시켜야 했다는 희망은 단기간에 실망을 안겨주고 말았다."[8] 나로서는 이보다 더 나은 말을 할 수도 없고 하지도 않았다. 또한 그가 제공한, 영문학 스타일로 요점을 설명한 탁월한 인용구가 새뮤얼 존슨Samuel Johnson의 것이라는 사실도 알지 못했다.

하지만 그는 또다시 궤도를 벗어난다. "경제학자는 불만족스러운 상태에 머물 것이다. 이 모델의 진정한 동인은 무엇인가? 16세기와 17세기 북서유럽에서 담론이 변화하고 '부르주아 재평가'가 일어난 이유와 방식은 무엇인가? 왜 다른 지역이나 다른 시기는 해당하지 않는가?"[9] 어리석은 사람 같으니. 내가 답을 드리리다. 폭넓게 보면 그가 내놓은 짧은 인용구는 내가 한 주장을 표현하기에 턱없이 부족하다. 내 주장은 수백 페이지에 이르는 문서로 뒷받침되고 있다. 하지만 모키르가 문제를 제기한 방식은 내가 지속 가능하지 않고 근거 없는 어리석은 주장을 짧게 제시한 것처럼 암시한다.

실제 내 주장은 비정통적이고 진실하며 자본 축적이나 제도 축적에 대한 정통적 시각에서 보면 기이하고 나보다 더 나은 주장, 예를 들면 로버트 루카스Robert Lucas와 애스모글루, 노스와 그리프 등의 주장에 결례를 범하는 것이다. 모키르는 정통 의견의 수사적 이점을 활용한다 (자신이 반대하는 정설에 호소하는 것은 값싼 속임수라네). 사실 그는 "모두가 [경제학에 대한 그렇고 그런 과학적으로 불확실한 주장이라면 그 자신이 불확실함을 인정하거나 불확실함을 스스로 드러낸 것이라고 알고 있다. 매클로스키가 부인하다니 충격적이지 않은가?!"라고 말한다.

언젠가 모키르가 1830년대를 과학이 진정으로 경제에서 중요한 영향을 미치기 시작한 시기라고 인정한 것으로 기억한다. 나는 1890년대라고 말하겠다. 사실 이 둘은 대단한 차이가 아니며 우리 둘 다 모두가 중요하다고 생각하는 물질적 원인을 부인한다는 점에서 더욱 그렇다(말했듯이, 모키르는 정설에 반대한다). 다소 사소한 과학적 의견 불일치를 해결하는 방법은, 다시 말하건대 측정하는 것이다. 나는 그에게 경제활동에서 임의의 표본을 사용해 각각의 표본에 과학적 통찰력이 어느 정도 중요한지 신중하게 검토하자고 여러 번 제안했으나 그는 답하지 않았다.

하지만 어떤 경우라도 (경제사학자 로버트 마고Robert Margo가 지적했듯) 로버트 포겔로 인한 사회적 비용 절감을 계산한 이후 경제학과 경제사학자는 그러한 노력을 위대한 사람, 위대한 발명, 위대한 정부 개입의 힘으로 돌리고 의심하는 자들에게 경제가 그러한 요소에 '기반한다'고 분노에 찬 주장을 하는 식으로 무시할 수 없게 되었다. '기반한다'는 비유는 어디까지나 비유일 뿐, 대체재에 대한 계산과 함께 사용해야 한다. 그래야 경제학이다. 그렇지 않다면 마리아나 마추카토 방식으로 경제란 모두가 사용하는 탄산음료와 지우개에 '기반한다'는 주장이 나온다. 탄산음료와 지우개가 갑자기 사라지면 어떨지 상상해보라. 세상에!

모키르는 부르주아 재평가가 중요했다고 말한다. '부르주아의 부상'이나 정치, 사회, 도덕적 지지 없이 미스터리하게 '부상하는' 과학 또는 기술 분야 엘리트들의 클리셰를 쓰는 대신 그가 주목하는 과학 혁명이 빈곤층에게 성공 기회를 준 자유주의 덕분에(험프리 데이비Humphry Davy, 조제프 푸리에Joseph Fourier, 토머스 에디슨 등은 서민층의 평범한 자녀였다) 결실을 맺은 것임을 단호하게 인정하기를 권한다.

● ● ●

요약하면, 우리는 많은 부분에서 의견을 같이한다. 라흐만부터 가우스, 베이커, 골드스톤, 아마데이, 모키르는 사상이 매우 중요하며 특히 기술과 과학, 제도 관련 사상에서 자유주의 사상의 중요성을 인정한다.

이러한 합의는 새로운 과학적 발전을 시사한다. 혹은 18세기 자유주의가 이미 널리 퍼뜨리지 않았다면 새로울 것이다. 반면 19세기 식자층의 사유는 참신했으며 동시에 널리 퍼졌는데, 대부분 오류가 있고 악한 경우도 있었다. 민족주의와 사회주의가 대표적인 예다(이 사례가 마음에 든다면 국가 사회주의도 그럴 것이다). 하지만 과학적 인종 차별주의와 지리적 결정론부터 오만한 전문가들의 지배에 이르기까지 그 양상이 다양하다. 하지만 대풍요는 잘못된 이론들 가운데 사회 진화론과 경제 마르크스주의에 오류가 있음을 과학적으로 입증했다. 당시의 에른스트 헤켈Ernst Haeckel, 오늘날의 도널드 트럼프와 반대로 유전학적으로 열등한 인정과 계급, 인종은 사실 열등하지 않으며 창의적인 것으로 드러났다. 착취당하는 프롤레타리아는 과거 마르크스와 오늘날 버니 샌더스의 주장과 달리 궁핍한 것이 아니라 풍요롭다.

188

많은 지식인은 초기에 자유롭고 존엄성을 가진 평범한 사람들에게 두었던 관념적 헌신을, 19세기의 유물론적이면서 심각하게 잘못된 가짜 발견들로 잘못 보냈다. 과학적으로 입증된 주요 사실, 평범한 사람들이 위에 있는 사람들에게 지시받을 필요가 없는 19세기 사회적 발견을 잊은 것이다(최초 휴머노믹스의 발견으로, 다른 측면에서 악영향을 미치는 낭만주의에 부합한다). 괴롭힘 없이 자유주의를 맛본다. 존중해주고 자율적 성인으로 대우하면 엄청난 창의성이 발휘된다. 미국의 시인 월트 휘트먼Walt Whitman은 "나는 대규모 군단을 거느리고 있다"라고 말했다. 휘트먼뿐 아니라 우리도 마찬가지다.

휴머노믹스가 맺은 과학적 결실이다.

서문

1. DeMartino 2011 ; DeMartino and McCloskey 2016.

2. Rorty 1983, 562.

3. Lavoie 1990.

4. Smith and Wilson 2019.

5. For which see McCloskey and Mingardi (2020).

6. Feynman 1974.

1장 | 휴머노믹스와 자유가 경제학의 더 나은 미래를 약속한다

1. Coase and Wang 2013, p. 206.

2. https://www.fadedpage.com/books/20120913/html.php. I thank Simon Taylor for the citation.

3. Wilson 1997.

4. Machlup 1978, 250. 그는 1940년대에 이런 방식으로 말했다.

5. Goethe 1963, lines 111–112.

6. Goethe, p. 95.

7. McCloskey 1990.

8. Walras (1874) 1954, 47.

9. 통계에 관해서는 손실함수와 중요성의 실질적 측정이 누락된 영가설 검정을 공격하는 Wasserstein and Lazar (2016) 참고.

10. Jacobs 1984 (1985), p. 230.

2장 | 애덤 스미스를 따라 휴머노믹스를 연구해야 한다

1. Smith (1762–1763) 1978, chap. vi, para. 56, p. 35.

2. McCloskey 2007.

3. V. Smith 2008, publisher's blurb.

4. Smith (1762–1763) 1978, 352.

5. Smith, 352.

6. Smith (1776) 1981, bk. 1, chap. 2, para. 2, my emphasis.

7. Smith (1762–1763) 1978, 25n3.

8. Robertson 1956, 154.

9. Klamer and McCloskey 1995; McCloskey 2016a, 이 책의 6장 참고. 한 편 원제에서 GDP의 4분의 1이라고 언급한 것은 실수다. 정확하게는 GDP 에서 근로소득이 차지하는 비중의 4분의 1(GDP의 60퍼센트)이다. 다른 항목 의 경우 새로운 미용실이나 공장 기업가들의 소득 역시 듣기 좋은 말에서 비롯되며 소득의 4분의 1이 넘을 것이다.

10. Banfield 1958, 83–84.

11. Ostrom, Gardner, and Walker 1994.

12. Hobbes 1914, chap. 14, p. 71.

13. DeMartino 2011.

14. Macaulay (1963), discussed in McCloskey (2006), 129.

15. Frank 2014, p. 20.

16. Mehta 1993.

17. 오스트리아 경제학에 진지한 관심을 갖기 시작한 시기의 연구 McCloskey(1990) 참고. 주로 1970년대에 날마다 점심을 같이 먹던 머턴 밀러와 피셔 블랙 등 시카고의 금융 경제학자들을 고찰하지만 1980년대 내가 아이오와대학교에서 연구한 알래스데어 매킨타이어 등의 인문학자들 사이에서는 흔한 일이었다.

3장 | 경제사는 휴머노믹스 이외의 방식이 왜 문제인지 보여준다

1. Sutch 1991.

2. Williamson 1974; Gerschenkron 1970.

3. McCloskey(2020)의 비평적 시론에서 케네디, 일반균형 시뮬레이션, 윌리엄 슨에 대한 시론 등 참고.

4. Arrow 1960; Wasserstein and Lazar 2016; Ziliak and McCloskey 2008.

4장 | 경제학에 인문학이 필요하다

1. Pope 1711, *Essay on Criticism*, lines 221–224.

2. Tirole 2006.

3. Pearson and Moul 1925; Pearson (1892) 1900, 26–28.

4. Leonard 2016. Buck v. Bell, 274 U.S. 200 (1927). 언급된 버지니아법은 유사한 법이 스웨덴과 노르웨이에서 번복된 1974년까지 책에 남아 있었다.

5. McEvoy(2001) 291쪽에서 인용. 발언의 유래는 다소 모호하지만 잘 알려 져 있다. 철학자 한스 시고르 옌센(Hans Siggaard Jensen)은 내게 덴마크어로 "물리학은 세상이 어떤가에 관한 것이 아니라, 우리가 그것에 대해 말할 수 있는가에 관한 것이다(Fysik er ikke om hvordan verden er, men om hvad vi kan sige om den)"라고 알려주었다.

6. Ausländer. *Gedichte von Rose Ausländer*: "Am Anfang /war das Wort / und das Wort / war bei Gott / Und Gott gab uns das Wort / und wir wohnten / im Wort / Und das Wort ist unser Traum / und der Traum ist unser Leben."

7. Stevens 1934.

8. 케인스주의 사상의 부활에 대한 로버트 스키델스키 고찰에 대해서는

McCloskey(2018), 2013년 마리아나 마주카토의 혁신 정책에 관한 사상 적
용은 McCloskey와 Mingardi(2020) 참고.

9. Keynes 1936, chap. 12, sec. 8.

10. Diamond(1988), Leland Yeager(1999)는 "전체 경제 이론의 유용한 통합
요소"를 제공한다는 정확한 지적을 했다(28).

11. Lazonick 1991.

12. McCloskey 2016a, chaps. 27-28, 32-33.

5장 | 상식과 지적 자유무역의 문제일 뿐이다

1. Whaples 2010.

2. Olmstead and Rhode 2018.

3. Kelvin (1883) 1888-1889, italics in source. Note the sense 5b use of
"science."

4. Quoted in Merton, Sills, and Stigler (1984). 이 부분에 대해 바로잡아준
로스 에멧에게 감사드린다.

5. 분노의 예는 통계적 유의성에 대한 Hoover와 Sigler(2008) 참고.

6. The other is the hero Jim Dixon in Kingsley Amis's *Lucky Jim* (1954).

7. Ibsen (1891) 1965, act 2. 경제사학자가 등장하는 또 다른 문학 작품으로는
킹즐리 에이미스의 『럭키짐』(1954)이 있다.

6장 | 결국 듣기 좋은 말이 자유 경제를 지배한다

1. Advertising expenditure data set v1.1, http://spreadsheets.google.
com/pib?key=p91LENaiKJeoyBX4eR1FZEEw (no longer posted). For
advertising and for nominal income, see http://data360.org/dataset.

aspx?Data_Set_Id=352.

2. *Statistical Abstract of the United States 2007*, http://census.gov/compendia/statab/2007/2007edition.html (no longer posted).

3. Lodge 1990, 219.

4. Klamer and McCloskey 1995.

5. Antioch 2013, table 3.

6. Wallis and North 1986, table 3.13.

7. Bureau of Census, *Statistical Abstract of the United States 2006* (Washington, DC: Government Printing Office, 2006), table 650, p. 430; and Johnston 2012.

8. Pink 2012, 21.

9. Pink, 6.

7장 | 그러므로 루트비히 라흐만처럼 두 발로 걸어야 한다

1. For example, Klamer 2011; Amariglio and McCloskey 2008.

2. Lachmann 1950.

3. 정치 이론과 관련해 죄수의 딜레마 이야기와 은유에 대한 자세한 연구는 시카고대학교 정치학과 앨프리드 소세도가 집필 중인 논문 참고.

4. Michael C. Jensen is an example of toppling (McCloskey 2017).

5. Lachmann 1978.

6. 경제 맥락에서 덕 윤리에 대해서는 McCloskey(2006) 참고. 다만 주제를 고찰할 때 암스테르담에 대해서는 정확하지 않으나 미국심리학회의 후원을 받은 '긍정 심리학자' 대규모 팀도 유사한 결론에 이르렀다(Peterson and Seligman 2004). 하지만 1270년 토마스 아퀴나스가 우리 모두를 앞섰다.

7. See the account of the "cognitive revolution" in Bruner (1983) and

Kagan (2006). For economic experiments with animals, see Battalio and Kagel (1975, 1981).

8. Hart 2013, 156, 161.

9. Lachmann 1971, 49.

10. Lachmann, 61.

11. Lachmann, 63-64.

12. Lachmann, 67.

13. Rubin 2017.

14. Lachmann 1971, 74.

15. Searle 2010.

16. Viner (1950) 1991.

8장 | 다시 말해, 경제학에는 행동주의를 넘어 인간의 생각에 대한 이론이 필요하다

1. Segrè and Hoerlin 2016, 272-273.

2. Lachmann 1977, quoted in Boettke and Storr 2002, 171.

3. Butler (1725) 1736, preface, 349.

4. Grotius 1625, propositions 6 and 7.

5. Lachmann 1977, quoted in Boettke and Storr 2002, 171; North 1990, 2005.

6. 질문은 내 집에서 열린 일요 세미나에서 채프먼대학교의 로런스 이아나콘이 제기한 것이다.

7. Kant A50-51/B74-76, quoted in Hanna 2017.

8. Lachmann 1976b, quoted in Dolan 1976, 149.

9. Lachmann 1976c, quoted in Dolan 1976, 157-58.

10. Lachmann 1976a, quoted in Dolan 1976, 216, italics added.

11. Lachmann 1976a, quoted in Dolan 1976, 217.

12. Lachmann 1976a, quoted in Dolan 1976, 218.

9장 | 대풍요가 윤리학과 수사학의 산물이라는 증거가 바로 휴머노믹스의 킬러 앱이다

1. Bresson 2016, 205.

2. McCloskey 2011.

3. Keynes 1936, 16.

4. Smith (1776) 1981, 4.9.51.

5. LaVaque-Manty 2006, 715-716.

6. 다소 포괄성이 떨어지는 언어로 표현한 프랑스 (최초의) 인권선언 1조와 비교. "인간은 자유롭고 평등한 권리를 지니고 태어나서 살아간다. 사회적 차별은 오로지 공공이익에 근거할 경우에만 허용될 수 있다."

7. LaVaque-Manty 2006, 716.

8. Ibsen (1877) 1965, 30.

9. Thucydides bk. 1, translated at University of Minnesota Human Rights Library, http://www1.umn.edu/humanrts/education/thucydides.html.

10. See White 1984, citing Thucydides, 3.3.82-84.

11. Neal and Williamson, eds. 2014, p. 2.

10장 | 자유주의의 존엄성이 해내다

1. Arendt (1951) 1985, 56, 62.

2. Aristotle 1968, 1.1254a.

3. Moynahan 2002, 541.

4. David Friedman made the point in a blog reacting to *Bourgeois Dignity* (McCloskey 2010), July 17, 2013, https://daviddfriedman.blogspot.com/2013/07/.

5. 찰스의 연설은 프로젝트 캔터베리에서 제공된 것이다. "Printed by Peter Cole, at the sign of the Printing-Press in Cornhil, near the Royal Exchange", http://anglicanhistory.org/charles/charles1.html. 문서에서는 연도가 1648년으로 표기되었는데 율리우스력에서는 3월 전에 그해가 시작되지 않았기 때문이다. 따라서 새로운 스타일 연도의 율리우스 날짜다.

6. Quoted in Brailsford (1961), 624.

7. Rumbold (1685) 1961.

8. From the King's *Memoires*, 63, widely quoted, as in Keohane (1980), 248n18.

9. Overton (1646) 2014.

10. Blainey 2009, 272.

11. Mencken 1916.

12. Mencken 1949, 622.

13. As, among others, Sheri Berman (2006) has argued.

14. Reprinted and translated in Horst (1996), 142. The poem was called "Liefdesverklaring," or "Love-Declaration."

15. Personal communication, 2014.

16. Yeats (1928) 1992, 260.

11장 | 기저에는 인센티브가 아닌 아이디어가 있다

1. Mueller 2011, 1.

2. Lal 1998; summarized in Lal 2006, 5, 155.

3. Needham 1954–2008; Pomeranz 2000; and others.

4. Taylor 1989, 23; 2007, 179.

5. Jacob 2001.

6. Parks 2005, 180.

7. Harkness 2008.

8. Danford 2006, 319.

9. The quotation from Lord Kames (1774) is Danford's.

10. Danford 2006, 324.

11. Danford 2006, 331.

12. Danford 2006, xxx.

13. Hume (1741–1742) 1987, "Of Commerce."

14. See Palmer 2014.

15. Ringmar 2007, 31.

16. Ringmar 2007, 32.

17. Ringmar 2007, 24. 모국어가 아닌 영어에 대한 링마르의 이해력은 '질문을 구하다'라는 표현을 정확하게 사용한 것을 보여준다. 일반적으로 이 표현은 '질문을 제안하다'로 잘못 이해된다. 전제에 결론이 포함된 순환논법을 뜻한다. petitiio principii(begs the question).

18. Jones 2010, 102–3.

19. Ringmar 2007, 250, 254, 274, 279, 280–282.

20. Ogilvie 2007, 662–63.

21. Ringmar 2007, 72, 178, 286.

22. Ringmar 2007, 37.

23. Le Bris 2013.

24. Kennedy 1976, 59.

25. Kadane 2008.

26. Thomson 2005.

27. Sprat (1667) 1958, 88.

28. Dryden (1672) 1994, 2.1.391 – 393.

29. Child 1698, 68, 148.

12장 | 시간과 장소에 대해서도 마찬가지다

1. Clark 2007.

2. Nick Cowen, Ilia Murtazashvili, Raufhon Salahodjaev가 출간 예정인
   『개인주의와 웰빙(Individualism and Well-Being)』(2021)에서 개인주의에 대
   해 훌륭한 주장을 한다는 점은 인정한다. 이기심이나 좌파의 악몽인 '소유적
   개인주의'가 아닌 현명한 이기심으로 이해되었다.

3. Landes 1998, 522.

4. Moore 1998, 148, 151. 중국의 경우에 대해서는 남송 시대 철학자 진량(陳
   亮, 1143~1194)의 생애에 대한 다음을 참고. Mote (1999), 335.

5. Moore 1998, 156.

6. Goldstone 1998.

7. North, Wallis, and Weingast 2009, 25.

8. Lawler 2008.

9. M. Smith 1999, 121.

10. Smith (1776) 1981, bk. 1, chap. 4, para. 1.

13장 | 말이 비결이다

1. McCloskey and Carden 2020.

2. Gerschenkron 1962.

3. Davidoff and Hall 1987, 162.

4. Sewell 1994, 198.

5. Tocqueville (1856) 1955, 146−47. I owe this citation to Clifford Deaton.

6. Hughes 1936.

7. Virgil Storr (2012 and his earlier work) makes this point in the context of the economy of Barbados.

8. Lakoff 2020.

9. Higgs 1987.

10. Whitney v. California, 274 U.S. 357 (1927).

11. Ardagh 1991, 297.

12. Landes 1998, 38.

13. Baumol, Litan, and Schramm 2007, 122

14. Manin 1987, 338.

15. Manin, 364.

16. Harkness 2008.

14장 | 킬러 앱에 대한 분석철학자들의 의심은 설득력이 없다

1. Gaus 2016; Baker 2016; Amadae 2016; Goldstone 2016; Mokyr 2016.

2. Gaus, 1.

3. Plantinga 2000, xiv. 과거에 나는 출처를 제대로 확인해보지 않은 채 그의 발언에 살을 붙여 "하지만 4부작은 가증스러운 일이다"라고 인용한 바 있다.

옮기는 과정에서의 실수다.

4. Smith (1776) 1981, bk. 4, chap. 9, para. 3. 스미스는 콜베르와 중상주의를 공격한다. 나는 표기 오류에 관해 언급하면서 스미스가 "모든 사람이 자기 방식으로 사리를 추구하도록 허용하는" 미리 계획되지 않은 계획의 세 가지 속성에 부여한 순서가 종종 헷갈린다.

5. Gaus 2016, p. 11.

6. Gaus 2016, 3.

7. McCloskey 2010, chaps. 33–36; 2016a, chaps. 14–15; 2013; 2014a; 2014b; 2015.

8. Gaus 2016, 3.

9. Smith (1762–1766) 1978, A.vi.56.

10. Gaus 2016, 4.

11. Grief 2006.

12. Gaus 2016, 4.

13. Gaus, 11.

14. Gaus, 3.

15. Gaus, 7.

16. Gaus, 6.

17. Gaus, 4.

18. McCloskey 2016a, 235–54.

19. The passage is brilliantly analyzed in White 1984.

20. Gaus 2016, 7.

21. Gintis 2009; Bowles and Gintis 2011; Field 2003.

22. Gaus 2016, 7.

23. Gaus, 7.

24. Gaus, 5.

25. Baker 2016, 27.

26. Baker, 35.

27. Baker, 34.

28. Baker, 34.

29. Baker, 33.

30. Baker, 31.

31. Quoted in Palmer 2012, 35.

32. Baker 2016, 33.

33. Baker, 30.

34. Baker, 34.

35. Baker, 30.

36. Baker, 30.

37. Baker, 31.

38. Baker, 32n8.

39. McCloskey 2016a, 575.

15장 | 사회학자나 정치철학자의 의심 역시 설득력이 없다

1. Goldstone 2016, 15.

2. Goldstone, 18.

3. Goldstone, 19.

4. Goldstone, 19.

5. Goldstone, 19–20.

6. Cartwright and Hardie 2012, e.g., p. 100.

7. Goldstone 2016, 18.

8. Findlay and O'Rourke 2007.

9. Goldstone 2016, 22.

10. Goldstone, 23.

11. 항저우 저장대학교의 장이(Zhangi Yi). 중국에서는 이 문제에 대해 탁월한 박사 논문을 발표하고 있다.

12. Amadae 2016, 38.

13. Amadae, 38.

14. Amadae, 42.

15. Amadae, 42.

16. Amadae, 46.

17. Amadae, 46.

18. 초고를 인용한 것에 미안한 마음을 전하지만 요점은 중요해 보인다. 아마데이는 내가 답장을 쓴 후 수정을 허락했는데, 일반적으로 그런 일은 기대하기 어렵다.

19. Amadae 2016, 39.

20. Amadae, 39.

21. Amadae, 39.

22. A short form is McCloskey 2016b.

23. Amadae 2016, 40.

24. For example, Olmstead and Rhode 2018.

25. Amadae 2016, 40.

26. McCloskey 2014b.

27. Amadae 2016, 59.

28. Amadae, 50.

29. McCloskey 2016a, 204.

30. Amadae 2016, 50-51.

16장 | 경제사학자의 의심조차 설득력이 없다

1. Mokyr 2016, 55.

2. For which see Horgan 1996.

3. Mokyr 2016, 58.

4. Mokyr, 56.

5. McCloskey(2016a), 506. 프랜시스 베이컨을 별로 마음에 들어 하지 않는다는 점을 인정한다. 베이컨은 잉글랜드에서 공식적인 목적에 고문(torture)을 마지막으로 사용한 사람이며 대법관이 되었을 때는 양측에서 뇌물을 받은 혐의로 탄핵되었다.

6. Mokyr 2016, 58.

7. Mokyr, 57.

8. Mokyr, 60.

9. Mokyr, 61.

- Akerlof, George A. 1970. "The Market for 'Lemons': Quality Uncertainty and the Market Mechanism." *Quarterly Journal of Economics* 84: 488-500.

- Amadae, Sonja M. 2016. "Dialectical Libertarianism: The Unintended Consequences of Both Ethics and Incentives Underlie Mutual Prosperity." *Erasmus Journal for Philosophy and Economic* 9 (2): 27-52. http://ejpe.org/pdf/9-2-art-4.pdf.

- Amariglio, Jack, with Deirdre Nansen McCloskey. 2008. "Fleeing Capitalism: A Slightly Disputatious Conversation/Interview among Friends." In *Sublime Economy: On the Intersection of Art and Economics*, edited by Jack Amariglio, Joseph Childers, and Steven Cullenberg, 276-319. London: Routledge.

- Antioch, Gerry. 2013. "Persuasion Is Now 30 Per Cent of US GDP." In *Economic Roundup*, vol. 1, Australian Treasury, 1-10. http://ideas.repec.org/a/tsy/journl/journl_tsy_er_2013_1_1.html.

- Aquinas, St. Thomas. 1984. *Treatise on the Virtues*. Translated and edited by John A. Oesterle. Notre Dame, IN: University of Notre Dame Press.

- Ardagh, John. 1991. *Germany and the Germans*. Rev. ed. London: Penguin.

- Arendt, Hannah. (1951) 1985. *The Origins of Modern Totalitarianism*. New ed. New York: Harcourt.

- Aristotle. 1968. *Aristotle's Politics.* Edited by E. Baker. Oxford: Oxford University Press.

- Arrow, Kenneth J. 1960. "Decision Theory and the Choice of a Level of Significance for the t-Test." In *Contributions to Probability and Statistics: Essays in Honor of Harold Hotelling,* edited by Ingram Olkin et al., 70–78. Stanford, CA: Stanford University Press.

- Ausländer, Rose. *Gedichte von Rose Ausländer.* http://www.deanita.de/buecher19.htm.

- Baker, Jennifer. 2016. "A Place at the Table: Low Wage Workers and the Bourgeois Deal." *Erasmus Journal for Philosophy and Economics* 9 (2): 25–36. http://ejpe.org/pdf/9-2-art-3.pdf.

- Banfield, Edward C. 1958. *The Moral Basis of a Backward Society.* New York: Free Press.

- Battalio, R. C., and John Kagel. 1975. "Experimental Studies of Consumer Demand Behavior Using Laboratory Animals," *Economic Inquiry* 13 (March): 22–38.

- Battalio, R. C., and John Kagel. 1981. "Commodity Choice Behavior with Pigeons as Subjects." *Journal of Political Economy* 89: 67–91.

- Baumol, William, Robert E. Litan, and Carl J. Schramm. 2007. *Good Capitalism, Bad Capitalism, and the Economics of Growth and Prosperity.* New Haven, CT: Yale University Press.

- Berman, Harold J. 2003. *Law and Revolution, II: The Impact of the Protestant Reformations on the Western Legal Tradition.* Cambridge, MA: Harvard University Press.

- Berman, Sheri. 2006. *The Primacy of Politics: Social Democracy and the Making of Europe's Twentieth Century.* Cambridge:

206

Cambridge University Press.

- Blainey, Geoffrey. 2009. *A Shorter History of Australia*. North Sydney: Random House Australia.

- Boettke, Peter J., and Virgil Henry Storr. 2002. "Post Classical Political Economy." *American Journal of Economics and Sociology* 61 (1): 161–91.

- Bowles, Samuel, and Herbert Gintis. 2011. *A Cooperative Species: Human Sociality and Its Evolution*. Princeton, NJ: Princeton University Press.

- Brailsford, H. E. 1961. *The Levellers and the English Revolution*. Stanford, CA: Stanford University Press.

- Bresson, Alain. 2016. *The Making of the Ancient Greek Economy: Institutions, Markets, and Growth in the City States*. Translated by Steven Rendall. Chicago: University of Chicago Press.

- Bruner, Jerome. 1983. *In Search of Mind: Essays in Autobiography*. New York: Harper and Row.

- Butler, Joseph, Bishop. (1725) 1736. *Fifteen Sermons*. In *The Analogy of Religion and Fifteen Sermons*, 3rd ed., 335–528. London.

- Cartwright, Nancy, and Jeremy Hardie. 2012. *Evidence-Based Policy: A Practical Guide to Doing It Better*. New York: Oxford University Press.

- Child, Josiah. 1698. *A New Discourse of Trade*. London.

- Clark, Gregory. 2007. *A Farewell to Alms: A Brief Economic History of the World*. Princeton, NJ: Princeton University Press.

- Coase, Ronald, and Ning Wang. 2013. *How China Became Capitalist*. Basingstoke: Palgrave–Macmillan.

- Cowen Nick, Ilia Murtazashvili, and Raufhon Salahodjaev. 2021. *Individualism and Well-Being*. Brighton: Edward Arnold.

- Danford, John W. 2006. " 'Riches Valuable at All Times and to All Men': Hume and the Eighteenth-Century Debate on Commerce and Liberty." In *Liberty and American Experience in the Eighteenth Century*, edited by David Womersley, 319–47. Indianapolis, IN: Liberty Fund.

- Davidoff, Leonore, and Catherine Hall. 1987. *Family Fortunes: Men and Women of the English Middle Class, 1780–1850*. Chicago: University of Chicago Press.

- DeMartino, George F. 2011. *The Economist's Oath: On the Need for and Content of Professional Economic Ethics*. New York: Oxford.

- DeMartino, George F., and Deirdre Nansen McCloskey, eds. 2016. *The Oxford Handbook of Professional Economic Ethics*. New York: Oxford University Press.

- Diamond, Arthur M., Jr. 1988. "The Empirical Progressiveness of the General Equilibrium Research Program." *History of Political Economy* 20, no. 1 (Spring): 119–35.

- Dolan, Edwin, ed., 1976. *The Foundations of Modern Austrian Economics*. Kansas City: Sheed and Ward.

- Dryden, John. (1672) 1994. *Amboyna*. In *The Works of John Dryden*, vol. 12, edited by V. A. Dearing. Berkeley: University of California Press.

- Feynman, Richard. P 1974. "Cargo Cult Science: Some Remarks on Science, Pseudoscience, and Learning How to Not Fool Yourself" (commencement address at Caltech). *Engineering and Science* 37 (7), http://calteches.library.caltech.edu/51/2/CargoCult.pdf.

- Field, Alexander. 2003. *Altruistically Inclined? The Behavioral Sciences, Evolutionary Theory, and the Origins of Reciprocity.* Ann Arbor: University of Michigan Press.

- Findlay, Ronald, and Kevin H. O'Rourke. 2007. *Power and Plenty: Trade, War, and the World Economy in the Second Millennium.* Princeton, NJ: Princeton University Press.

- Frank, Robert H. 2014. *What Price the Moral High Ground? How to Succeed without Selling Your Soul.* Princeton, NJ: Princeton University Press.

- Gaus, Gerald. 2016. "The Open Society as a Rule-Based Order." *Erasmus Journal for Philosophy and Economics* 9 (2): 1–13. http://ejpe.org/pdf/9-2-art-1.pdf.

- Gerschenkron, Alexander. 1962. "Reflections on the Concept of 'Prerequisites' of Modern Industrialization." In *Economic Backwardness in Historical Perspective: A Book of Essays,* 31–51. Cambridge, MA: Harvard University Press.

- Gerschenkron, Alexander. 1970. *Europe in the Russian Mirror: Four Essays in Economic History.* Cambridge: Cambridge University Press.

- Gintis, Herbert. 2009. *The Bounds of Reason: Game Theory and the Unification of the Behavioral Sciences.* Princeton, NJ: Princeton University Press.

- Goethe, Johann Wolfgang von. 1963. *Goethe's Faust: Part 1 and Sections of Part 2.* Translated by Walter Kaufman. Garden City, NY: Anchor.

- Goffman, Erving. 1961. *Asylums: Essays on the Social Situation of Mental Patients and Other Inmates.* New York: Doubleday.

- Goldstone, Jack A. 1998. "The Problem of the 'Early Modern' World." *Journal of the Economic and Social History of the Orient* 41: 249–84.

- Goldstone, Jack A. 2002. "Efflorescences and Economic Growth in World History: Rethinking the 'Rise of the West' and the Industrial Revolution." *Journal of World History* 13: 323–89.

- Goldstone, Jack A. 2016. "Either/Or: Why Ideas, Science, Imperialism, and Institutions All Matter in 'The Rise of the West.'" *Erasmus Journal for Philosophy and Economics* 9 (2) 14–24. http://ejpe.org/pdf/9-2-art-2.pdf.

- Greif, Avner. 2006. *Institutions and the Path to the Modern Economy: Lessons from Medieval Trade.* Cambridge: Cambridge University Press.

- Grotius [Hugo de Groot]. 1625. "Preliminary Discourse concerning the Certainty of Rights in General." In *De iure belli ac pacis.* English trans. of 1738, from the French of Jean Barbeyrac, 1720.

- Hanna, Robert. 2017. "The Togetherness Principle, Kant's Conceptualism, and Kant's Non-Conceptualism." Supplement to Kant's Theory of Judgement *Stanford Encyclopedia of Philosophy.* https://plato.stanford.edu/entries/kant-judgment/supplement1.html.

- Harkness, D. 2008. "Accounting for Science: How a Merchant Kept His Books in Elizabethan London." In *The Self-Perception of Early Modern Capitalists,* edited by Margaret C. Jacob and Catherine Secretan, 205–28). New York: Palgrave Macmillan.

- Hart, David Bentley. 2013. *The Experience of God: Being, Consciousness, Bliss.* New Haven, CT: Yale University Press.
- Hayek, Friedrich A., ed. 1954. *Capitalism and the Historians: Essays by Hayek, T. S. Ashton, L. M. Hacker, W. H. Hutt, and B. de Jouvenel.* Chicago: University of Chicago Press.
- Higgs, Robert. 1987. *Crisis and Leviathan: Critical Episodes in the Growth of American Government.* New York: Oxford University Press.
- Hobbes, Thomas. 1914. *Leviathan.* Everyman Edition. London: J. M. Dent.
- Hoover, Kevin, and Mark Siegler. 2008. "Sound and Fury: McCloskey and Significance Testing in Economics." *Journal of Economic Methodology* 15: 1–37.
- Horgan, John. 1996. *The End of Science: Facing the Limits of Science in the Twilight of the Scientific Age.* New York: Broadway Books.
- Horst, H. 1996. *The Low Sky: Understanding the Dutch.* Schiedam: Scriptum.
- Hughes, Langston. 1936. "Let America Be America Again." https://poets.org/poem/let-america-be-america-again.
- Hume, David. (1741–1742) 1987. *Essays, Moral, Political and Literary.* Edited by E. F. Miller. Indianapolis, IN: Liberty Fund.
- Ibsen, Henrik. (1877) 1965. *The Enemy of the People. In Ibsen: The Complete Major Prose and Plays,* translated and edited by R. Fjelde. New York: Penguin.
- Ibsen, Henrik. (1891) 1965. *Hedda Gabler. In Ibsen: The Complete Major Prose and Plays,* translated and edited by R. Fjelde. New

York: Penguin.

- Ibsen, Henrik. 1965. *Ibsen: The Complete Major Prose and Plays.* Translated and edited by R. Fjelde. New York: Penguin.

- Jacob, Margaret C. 2001. *The Enlightenment: A Brief History.* Boston: Bedford/St. Martin's.

- Jacobs, Jane. 1985. *Cities and the Wealth of Nations: Principles of Economic Life.* New York: Vintage.

- Jacobs, Jane. 1992. *Systems of Survival: A Dialogue on the Moral Foundations of Commerce and Politics.* New York: Random House.

- Johnston, Louis D. 2012. "History Lessons: Understanding the Decline in Manufacturing." *MinnPost*, February 12. http://minnpost.com/macro-micro-minnesota/2012/02/history-lessons-understanding-decline-manufacturing.

- Jones, Eric L. 2010. *Locating the Industrial Revolution: Inducement and Response.* London: World Scientific.

- Kadane, Matthew. 2008. "Success and Self-Loathing in the Life of an Eighteenth Century Entrepreneur." In *The Self-Perception of Early Modern Capitalists*, edited by Margaret C. Jacob and Catherine Secretan, 253–71. New York: Palgrave Macmillan.

- Kagan, Jerome. 2006. *An Argument for Mind.* New Haven, CT: Yale University Press.

- Kelvin, William Thompson, Lord. (1883) 1899–1889. "Electrical Units of Measurement." Reprinted in *Popular Lectures and Addresses*, vol. 1. London.

- Kennedy, Paul M. 1976. *The Rise and Fall of British Naval Mastery.* New York: Scribner's.

- Keohane, Nannerl O. 1980. *Philosophy and the State in France: The Renaissance to the Enlightenment*. Princeton, NJ: Princeton University Press.

- Keynes, John Maynard. 1936. *The General Theory of Employment, Interest and Money*. London: Macmillan.

- Klamer, Arjo, and Deirdre Nansen McCloskey. 1995. "One Quarter of GDP Is Persuasion." *American Economic Review* 85: 191-95.

- Klamer, Arjo. 2011. "Cultural Entrepreneurship." *Review of Austrian Economics* 24: 141-56.

- Lachmann, Ludwig M. 1950. "Economics as a Social Science." *South African Journal of Economics* 18: 215-18.

- Lachmann, Ludwig M. 1971. *The Legacy of Max Weber*. Berkeley: Glendessary Press.

- Lachmann, Ludwig M. 1976a. "Austrian Economics in the Age of the NeoRicardian Counterrevolution." In *The Foundations of Modern Austrian Economics*, edited by Edwin Dolan, 215-23. Kansas City: Sheed and Ward.

- Lachmann, Ludwig M. 1976b "On Austrian Capital Theory." In *The Foundations of Modern Austrian Economics*, edited by Edwin Dolan, 145-51. Kansas City: Sheed and Ward.

- Lachmann, Ludwig M. 1976c. "Toward a Critique of Macroeconomics." In *The Foundations of Modern Austrian Economics*, edited by Edwin Dolan, 152-59. Kansas City: Sheed and Ward.

- Lachmann, Ludwig M. 1978. "An Interview with Ludwig Lachmann." *Austrian Economics Newsletter* 1, no. 3 (Fall). https://

mises.org/library/interview-ludwig-lachmann.

- Lakoff, George. 2020. *Moral Politics: How Liberals and Conservatives Think*. 2nd ed. Chicago: University of Chicago Press.

- Lal, Deepak. 1998. *Unintended Consequences: The Impact of Factor Endowments, Culture, and Politics on Long-Run Economic Performance*. Cambridge, MA: MIT Press.

- Lal, Deepak. 2006. *Reviving the Invisible Hand: The Case for Classical Liberalism in the Twentieth Century*. Princeton, NJ: Princeton University Press.

- Landes, David S. 1998. *The Wealth and Poverty of Nations: Why Some Are So Rich and Some So Poor*. New York: W. W. Norton.

- LaVaque-Manty, Mika. 2006." Dueling for Equality: Masculine Honor and the Modern Politics of Dignity." *Political Theory* 34: 715–40.

- Lavoie, Don C. 1990. Introduction to *Economics and Hermeneutics*, 1–18. London: Routledge.

- Lawler, Andrew. 2008. "Boring No More, a Trade-Savvy Indus Emerges." *Science* 320, no. 5881: 1276–81.

- Lazonick, William. 1991. "Business History and Economics." *Business and Economic History* 2nd ser., 20: 1–13.

- Le Bris, David. 2013. "Customary versus Civil Law within Old Regime France." KEDGE Business School, MPRA paper no. 521232013. http://mpra.ub.unimuenchen.de/52123/1/MPRA_paper_52123.pdf.

- Leonard, Thomas C. 2016. *Illiberal Reformers: Race, Eugenics, and American Economics in the Progressive Era*. Princeton, NJ:

Princeton University Press.

- Lodge, David. 1990. *Nice Work*. London: Penguin.

- Macaulay, Stewart. 1963. "Non-contractual Relations in Business." *American Sociological Review* 28: 55–67. Reprinted in *The Sociology of Economic Life*, edited by Mark Granovetter and Richard Swedberg, 191–205. Boulder: Westview, 2016.

- Machlup, Fritz. 1978. *Methodology of Economics and Other Social Sciences*. New York: Academic.

- Manin, Bernard. 1987. "On Legitimacy and Political Deliberation." Translated by Elly Stein and Jane Mansbridge. *Political Theory* 15: 338–68.

- Marschak, Jacob. 1968. "Economics of Inquiring, Communicating, Deciding." *American Economic Review* 58 (May): 1–18.

- Mazzucato, Mariana. 2013. *The Entrepreneurial State: Debunking Public vs. Private Sector Myths*. London: Anthem Press.

- McCloskey, Deirdre Nansen. (1985) 1998. *The Rhetoric of Economics*. 2nd ed. Madison: University of Wisconsin Press.

- McCloskey, Deirdre Nansen. 1990. *If You're So Smart: The Narrative of Economic Expertise*. Chicago: University of Chicago Press.

- McCloskey, Deirdre Nansen. 1994a. "Bourgeois Virtue." *American Scholar* 63, no. 2 (Spring): 177–91.

- McCloskey, Deirdre Nansen. 1994b. *Knowledge and Persuasion in Economics*. Cambridge: Cambridge University Press.

- McCloskey, Deirdre Nansen. 2006. *The Bourgeois Virtues: Ethics for an Age of Commerce*. Chicago: University of Chicago Press.

- McCloskey, Deirdre Nansen. 2007. "A Solution to the Alleged

Inconsistency in the Neoclassical Theory of Markets: Reply to Guerrien's Reply." *Post-Autistic Economics Review* (September 18).

- McCloskey, Deirdre Nansen. 2010. *Bourgeois Dignity: Why Economics Can't Explain the Modern World*. Chicago: University of Chicago Press.

- McCloskey, Deirdre Nansen. 2011. "The Prehistory of American Thrift." In *Thrift and Thriving in America: Capitalism and Moral Order from the Puritans to the Present*, edited by Joshua J. Yates and James Davidson Hunter, 61–87. New York: Oxford University Press, 2011.

- McCloskey, Deirdre Nansen. 2013. "A Neo-Institutionalism of Measurement, Without Measurement: A Comment on Douglas Allen's *The Institutional Revolution*." *Review of Austrian Economics* 26 (4): 262–373.

- McCloskey, Deirdre Nansen. 2014a. "Getting Beyond Neo-Institutionalism: Virgil Storr's Culture of Markets." *Review of Austrian Economics* 27: 463–72.

- McCloskey, Deirdre Nansen. 2014b. "Measured, Unmeasured, Mismeasured, and Unjustified Pessimism: A Review Essay of Thomas Piketty's *Capital in the Twenty First Century*." *Erasmus Journal for Philosophy and Economics* 7: 73–115.

- McCloskey, Deirdre Nansen. 2015. "Max U versus Humanomics: A Critique of Neo-Institutionalism." *Journal of Institutional Economics* 12: 1–27.

- McCloskey, Deirdre Nansen. 2016a. *Bourgeois Equality: How Ideas, Not Capital or Institutions, Enriched the World*. Chicago: University of Chicago Press.

- McCloskey, Deirdre Nansen. 2016b. "Economic Liberty as Anti-flourishing: Marx and Especially His Followers." In *Economic Liberty and Human Flourishing: Perspectives from Political Philosophy*, edited by Michael R. Strain and Stan A. Veuger, 129–49. Washington, DC: American Enterprise Institute.

- McCloskey, Deirdre Nansen. 2017. "Comment on 'Putting Integrity into Finance: A Purely Positive Approach' (by Werner Erhard and Michael C. Jensen)." *Capitalism and Society* 12: 1–12.

- McCloskey, Deirdre Nansen. 2018. "Review of Robert Skidelsky's *Money and Government:* Please Don't Call It Socialism." *Wall Street Journal*, December 5.

- McCloskey, Deirdre Nansen. 2019. *Why Liberalism Works: How True Liberal Values Produce a Freer, More Equal, Prosperous World for All.* New Haven: Yale University Press.

- McCloskey, Deirdre Nansen. 2020. *Historical Impromptus: Notes, Reviews, and Responses on the British Experience and the Great Enrichment.* Great Barrington, MA: American Institute for Economic Research.

- McCloskey, Deirdre Nansen, and Art Carden. 2020. *Leave Me Alone and I'll Make You Rich: How the Bourgeois Deal Enriched the World.* Chicago: University of Chicago Press.

- McCloskey, Deirdre Nansen, and Alberto Mingardi. 2020. *The Illiberal Myth of the Entrepreneurial State.* London: Adam Smith Institute; Great Barrington, MA: American Institute for Economic Research.

- McCloskey, Deirdre Nansen. 2021. *Economic Impromptus: Notes, Reviews, and Responses on Economics*. Great Barrington, MA: American Institute for Economic Research.

- McEvoy, Paul, ed. 2001. *Niels Bohr: Reflections on Subject and Object*. San Francisco: Microanalytix, 2001.

- Mehta, Judith. 1993. "Meaning in the Context of Bargaining Games: Narratives in Opposition." In *Economics and Language*, edited by Willie Henderson, Tony Dudley-Evans, and Roger Backhouse, 85–99. London: Routledge.

- Mencken, H. L. 1916. *A Little Book in C Major*. New York: John Lane.

- Mencken, H. L. 1949. *A Mencken Chrestomathy: His Own Selection of His Choicest Writing*. New York: Knopf.

- Merton, Robert K., David L. Sills, and Stephen M. Stigler. 1984. "The Kelvin Dictum and Social Science: An Excursion into the History of an Idea." *Journal of the History of the Behavioral Sciences* 20: 319–31.

- Mokyr, Joel. 2016. "The Bourgeoisie and the Scholar." *Erasmus Journal for Philosophy and Economics* 9 (2): 55–65. https://doi.org/10.23941/ejpe.v9i2.229.

- Moore, Barrington. 1998. "Rational Discussion: Comparative Historical Notes on Its Origins, Enemies, and Prospects." *Moral Aspects of Economic Growth and Other Essays*, 144–57. Ithaca, NY: Cornell University Press.

- Mote, F. W. 1999. *Imperial China, 900–1800*. Cambridge, MA: Harvard University Press.

- Moynahan, Brian. 2002. *The Faith: A History of Christianity*. New York: Doubleday.
- Mueller, John. 2011. *War and Ideas: Selected Essays*. New York: Routledge.
- Neal, Larry, Jeffrey G. Williamson., eds. 2014. *The Cambridge History of Capitalism, vol. 1, The Rise of Capitalism from Ancient Origins to 1848*. Cambridge: Cambridge University Press.
- Needham, Joseph. 1954–2008. *Science and Civilization in China*. 27 vols. Cambridge: Cambridge University Press.
- North, Douglass C. 1990. *Institutions, Institutional Change and Economic Performance*. Cambridge: Cambridge University Press.
- North, Douglass C. 2005. *Understanding the Process of Economic Change*. Princeton Economic History of the Western World. Princeton, NJ: Princeton University Press.
- North, Douglass C., John Joseph Wallis, and Barry R. Weingast. 2009. *Violence and Social Orders: A Conceptual Framework for Interpreting Recorded Human History*. Cambridge: Cambridge University Press.
- Ogilvie, Sheilagh. 2007. "'Whatever Is, Is Right'? Economic Institutions in Preindustrial Europe." *Economic History Review* 60: 649–84.
- Olmstead, Alan L., and Paul W. Rhode. 2018. "Cotton, Slavery, and the New History of Capitalism." *Explorations in Economic History* 67: 1–17.
- Ostrom, Eleanor, Roy Gardner, and J. Walker. 1994. *Rules, Games, and Common Pool Resources*. Ann Arbor: University of Michigan

Press.

- Overton, Richard. (1646) 2014. *An Arrow against All Tyrants. Vol. 3 of Tracts on Liberty by the Levellers and their Critics,* edited by David M. Hart. Indianapolis: Liberty Fund.
- Palmer, Tom G. 2012. "Bismarck's Legacy." In *After the Welfare State: Politicians Stole Your Future, You Can Get It Back,* edited by Tom G. Palmer. Ottawa, IL: Jameson Books.
- Palmer, Tom G. 2014. "The Political Economy of Empire and War." In *Peace, War, and Liberty,* edited by Tom G. Palmer, 62–82. Ottawa, IL: Jameson Books.
- Parks, Tim. 2005. *Medici Money: Banking, Metaphysics, and Art in Fifteenth Century Florence.* New York: W. W. Norton.
- Pearson, Karl. (1892) 1990. *The Grammar of Science.* London: Black.
- Pearson, Karl, and Margaret Moul. 1925. "The Problem of Alien Immigration into Great Britain, Illustrated by an Examination of Polish and Jewish Children." *Annals of Eugenics* 1 (2): 125–26.
- Peterson, Christopher, and Martin E. P. Seligman, eds. 2004. *Character Strengths and Virtues: A Handbook and Classification.* Oxford: Oxford University Press.
- Pink, Daniel H. 2012. *To Sell Is Human: The Surprising Truth about Moving Others.* New York: Riverhead Books.
- Plantinga, Alvin. 2000. *Warranted Christian Belief.* New York: Oxford University Press.
- Pomeranz, Kenneth. 2000. *The Great Divergence: China, Europe, and the Making of the Modern World Economy.* Princeton, NJ: Princeton University Press.

- Reckendrees, A. 2015. "Weimar Germany: The First Open Access Order That Failed?" *Constitutional Political Economy* 26 (1): 38–60.

- Ringmar, Erik. 2007. *Why Europe Was First: Social Change and Economic Growth in Europe and East Asia 1500–2050*. London: Anthem.

- Robertson, Dennis H. 1956. "What Does the Economist Economize?" In *Economic Commentaries*. London: Staples Press.

- Rorty, Amélie Oksenberg. 1983. "Experiments in Philosophical Genre: Descartes' Meditations." *Critical Inquiry* 9 (March): 545–65.

- Rubin, Jared. 2017. *Rulers, Religion, and Riches: Why the West Got Rich and the Middle East Did Not*. Cambridge: Cambridge University Press.

- Rumbold, Richard. 1685 (1961). "Speech from the Scaffold." In *The Levellers and the English Revolution, by Henry Noel Brailsford*. Stanford, CA: Stanford University Press.

- Searle, John R. 2010. *Making the Social World: The Structure of Human Civilization*. Oxford: Oxford University Press.

- Segrè, Gino, and Bettina Hoerlin. 2016. *The Pope of Physics: Enrico Fermi and the Birth of the Atomic Age*. New York: Henry Holt.

- Sewell, William H. 1994. *The Rhetoric of Bourgeois Revolution: The Abbé Sieyes and What Is the Third Estate?* Durham, NC: University of North Carolina Press.

- Smith, Adam. (1762–1763) 1978. *Lectures on Jurisprudence*. Edited by R. L. Meek, D. D. Raphael, and P. G. Stein. Oxford: Oxford University Press.

- Smith, Adam. (1776) 1981. *An Inquiry into the Nature and Causes of the Wealth of Nations.* Edited by R. H. Campbell, A. S. Skinner, and W. B. Todd, 2 vols. Indianapolis, IN: Liberty Classics.

- Smith, Monica L. 1999. "The Role of Ordinary Goods in Premodern Exchange." *Journal of Archaeological Method and Theory* 6: 109 – 35.

- Smith, Vernon L. 2008. *Rationality in Economics: Constructivist and Ecological Forms.* New York: Cambridge University Press.

- Smith, Vernon and Bart J. Wilson. 2019. *Humanomics: Moral Sentiments and the Wealth of Nations for the Twenty-First Century.* Cambridge: Cambridge University Press.

- Sprat, Thomas. (1667) 1958. *The History of the Royal Society.* Edited by J. Cope and H. Jones. St. Louis, MO: Washington University Studies.

- Stevens, Wallace. 1934. "The Idea of Order at Key West." Poetry Foundation. https://www.poetryfoundation.org /poems /43431/the-idea-of-order-at-key-west.

- Stigler, George J. 1961. "The Economics of Information." *Journal of Political Economy* 69: 213 –25. Reprinted in *The Organization of Industry*, 213 –25. Homewood. IL: Irwin, 1968.

- Storr, Virgil. 2012. *Understanding the Culture of Markets.* London: Routledge.

- Sutch, Richard. 1991. "All Things Reconsidered: The Life-Cycle Perspective and the Third Task of Economic History." *Journal of Economic History* 51: 271–88.

- Taylor, Charles. 1989. *Sources of the Self: The Making of the Modern Identity.* Cambridge, MA: Harvard University Press.

- Taylor, Charles. 2007. *A Secular Age*. Cambridge, MA: Harvard University Press.

- Thomson, Erik. 2005. "Swedish Variations on Dutch Commercial Institutions, 1605–1655." *Scandinavian Studies* 77: 331–46.

- Tirole, Jean. 2006. *The Theory of Corporate Finance*. Princeton, NJ: Princeton University Press.

- Tocqueville, Alexis de. 1856 (1955). *The Old Regime and the French Revolution*. New York: Anchor Books.

- Viner, Jacob. (1950) 1991. "A Modest Proposal for Some Stress on Scholarship in Graduate Training." In *Jacob Viner: Essays on the Intellectual History of Economics*, edited by Douglas A. Irwin, 385–86. Princeton, NJ: Princeton University Press.

- Wallis, John Joseph, and Douglass North. 1986. "Measuring the Transaction Sector in the American Economy, 1870–1970." In *Long-Term Factors in American Economic Growth*, edited by S. L. Engerman and R. E. Gallman, 95–161. Chicago: University of Chicago Press.

- Walls, Laura Dassow. 2017. *Henry David Thoreau: A Life*. Chicago: University of Chicago Press.

- Walras, Léon. (1874) 1954. *Elements of Pure Economics*. Translated by William Jaffé. Homewood, IL: Irwin.

- Wasserstein, Ronald L., and Nicloe A. Lazar. 2016. "The ASA Statement on p-Values: Context, Process, and Purpose." *American Statistician* 70 (2): 129–33. http://amstat.tandfonline.com/doi/pdf/10.1080/00031305.2016.1154108.

- Whaples, Robert. 2010. "Is Economic History a Neglected Field of

Study?" and "Rejoinder," in *Historically Speaking* 11 (2): 17–20, 27.

- White, James. B. 1984. *When Words Lose Their Meaning: Constitutions and Reconstitutions of Language, Character, and Community*. Chicago: University of Chicago Press.

- Williamson, Jeffrey G. 1974. *Late Nineteenth-Century American Development: A General Equilibrium History*. Cambridge: Cambridge University Press.

- Wilson, E. O. 1997. "Karl Marx Was Right, Socialism Works." Interview, Harvard University, March 27. http://www.froes.dds.nl/WILSON.htm.

- Yeager, Leland B. 1999. "Should Austrians Scorn General Equilibrium Theory?" *Review of Austrian Economics* 11: 19–30.

- Yeats, W. B. (1928) 1992. *The Poems*. Edited by D. Albright. London: Everyman.

- Ziliak, Stephen, and Deirdre Nansen McCloskey. 2008. *The Cult of Statistical Significance: How the Standard Error Costs Us Jobs, Justice, and Lives*. Ann Arbor: University of Michigan Press.

226

휴머노믹스

지은이	디드러 낸슨 매클로스키
옮긴이	박홍경
펴낸이	배덕효
펴낸곳	세종연구원

출판등록	1996년 8월 22일 제1996-18호
주소	05006 서울시 광진구 능동로 209
전화	(02)3408-3451~3
팩스	(02)3408-3566

초판 1쇄 발행 2022년 10월 14일

ISBN 979-11-6373-015-6 03320

* 잘못 만들어진 책은 바꾸어드립니다.
* 값은 뒤표지에 있습니다.
* 세종연구원은 우리나라 지식산업과 독서문화 창달을 위해 세종대학교에서 운영하는
  출판 브랜드입니다.